LUÍS GONÇALVES JR.

Abel em Assis

ROMANCE INSPIRADO NA DOUTRINA
DE SÃO FRANCISCO DE ASSIS

CIP-BRASIL. CATALOGAÇÃO-NA-FONTE
SINDICATO NACIONAL DOS EDITORES DE LIVROS, RJ

G626a

Gonçalves Júnior, Luís de Oliveira, 1973-
Abel em Assis : um romance inspirado na doutrina de São Francisco de Assis/ Luís de Oliveira Gonçalves Júnior. - 1. ed. - São Paulo - SP. : Letras do Pensamento, 2014.
264 p. ; 21 cm.

ISBN 978-85-62131-22-6

1. Francisco, de Assis, Santo, 1182-1226 - Ficção. 2. Romance brasileiro. I. Título.

13-02402 CDD: 869.93
CDU: 821.134.3(81)-3

LUÍS GONÇALVES JR.

Abel em Assis

ROMANCE INSPIRADO NA DOUTRINA
DE SÃO FRANCISCO DE ASSIS

1ª Edição | 2014 | São Paulo - SP

© Luís Gonçalves Jr.

© Letras Jurídicas Editora Ltda. EPP

Capa, projeto gráfico e diagramação
Rita Motta - www.editoratribo.blogspot.com

Imagem da capa
La predica agli uccelli – 1295-1299 - Giotto

Revisão
Ana Amélia Pinto Vicente Martins

Editor
Cláudio P. Freire

1ª Edição - 2014 - São Paulo – SP

Certificado de registro na Fundação Biblioteca Nacional
Nº 592.833 – livro: 1.134 – folhas 228

Reservados a propriedade literária desta publicação
e todos os direitos para Língua Portuguesa pela
LETRAS JURÍDICAS EDITORA Ltda - EPP

Tradução e reprodução proibidas, total ou parcialmente,
conforme a Lei nº 9.610, de 19 de fevereiro de 1998.

LETRAS DO PENSAMENTO
Rua Riachuelo, 217 - 2º Andar - Sala 22 - Centro
CEP 01007-000 – São Paulo – SP
Tel./Fax (11) 3107-6501 – Cel. (11) 9-9352-5354 /
9-9307-6077
Site: www.letrasdopensamento.com.br
E-mail: vendas@letrasdopensamento.com.br

Impresso no Brasil

Para

São Francisco de Assis, o primeiro católico a ser estigmatizado, a quem peço proteção;

São Simão de Trento, cujo culto foi removido do calendário canônico;

as carmelitas de Compiègne, guilhotinadas na Revolução Francesa por causa de sua fé católica;

São João Bosco, cuja profecia foi usada injustamente pela maçonaria para a construção de Brasília;

René Guénon;

Frithjof Schuon;

o cardeal Angelo Scola, Arcebispo de Milão e presidente do Instituto Oásis;

o filósofo Giovanni Reale;

o neurocientista Antonio Damásio, autor de O Erro de Descartes;

meu pai; e

os mortos que estavam na noite de 11 de janeiro de 2011 em Itaipava.

CONSELHO EDITORIAL LETRAS DO PENSAMENTO

AGOSTINHO DOS SANTOS GIRALDES
ARMANDO ALEXANDRE DOS SANTOS
CARLOS FERNANDO MATHIAS DE SOUZA
CINTIA DE FARIA PIMENTEL MARQUES
DIOGO TELLES AKASHI
EDUARDO HENRIQUE DE OLIVEIRA YOSHIKAWA
EDUARDO SALLES PIMENTA
ELIZABETE GORAIEB
FÁBIO ANTONIO CAMARGO DANTAS
FLÁVIO TARTUCCE
GUILHERME EDUARDO NOVARETTI
GUILHERME JOSÉ PURVIN DE FIGUEIREDO
ILDEU DE SOUZA CAMPOS
JOSE CARLOS MAGDALENA
JUAREZ DE OLIVEIRA
JULYVER MODESTO DE ARAUJO
LAFAYETTE POZZOLI
LUIZ FERNANDO GAMA PELLEGRINI
MARCO ANTONIO AZKOUL
MARIA CLARA OSUNA DIAZ FALAVIGNA
MARIA HELENA MARQUES BRACEIRO DANELUZZI
MARISTELA BASSO
MIRIAN GONÇALVES DILGUERIAN
NELTON AGUINALDO MORAES DOS SANTOS
NORBERTO OYA
OLGA INÊS TESSARI
PAULO RUBENS ATALLA
SÍRIO JWVER BELMENI

Agradecimentos

Registro meu agradecimento ao Luiz Pontual, editor da obra completa de René Guénon, pelas indicações bibliográficas.

Agradeço ao amigo Sérgio Rizek, da Attar Editorial, que leu meu livro antes de ser publicado e fez valiosas sugestões que contribuíram para a melhoria do meu trabalho.

O astrólogo Marcos Monteiro elaborou o mapa astrológico dos personagens Abel e Samira e me impediu de cometer vários erros. Eu não teria conseguido concluir o meu livro sem o auxílio do Marcos.

É possível que muitas pessoas não compreendam a minha gratidão ao finado teólogo Orlando Fedeli, pois ele foi um ferrenho opositor da obra de René Guénon. Apesar da campanha promovida por Fedeli entre os católicos brasileiros, Guénon não era inimigo da Igreja Católica, e os Papas Pio XI (1922-1939) e Pio XII (1939-1958) negaram o pedido feito por intelectuais católicos para que a obra guénoniana fosse incluída no *Index*. Acredito que Fedeli combateu o bom combate, porém usando as armas erradas. Sou grato a Fedeli por sua equivocada crítica à escola perenialista, pois meu livro também foi escrito para demonstrar a tese de que, embora a *sophia perennis* esteja presente em todas as tradições, a Igreja Católica foi predestinada para ser a síntese de todas as religiões.

Sou grato ao professor Mateus Soares de Azevedo, mestre em História das Religiões pela USP e ligado à Tariqa Maryamiyya. Conversei com o professor Azevedo durante a elaboração deste livro e agradeço as sugestões de leitura que recebi, especialmente o artigo de Frithjof Schuon sobre São Francisco de Assis e uma biografia sobre Schuon intitulada *Messenger of the Perennial Philosophy*, de Michael Fitzgerald.

Nenhuma das pessoas acima citadas tem qualquer responsabilidade pelo conteúdo deste livro. Eventuais erros ou omissões são de minha autoria.

Apresentação da obra

São Francisco de Assis foi um grande místico e negar o esoterismo de seus ensinamentos é perda de tempo. *Abel em Assis* é uma tentativa de explicar o misticismo de São Francisco de Assis para permitir ao leitor compreender a valorosa missão que foi atribuída por Jesus Cristo ao santo de Assis. Ao mesmo tempo em que deixou explícito o misticismo do grande santo, este livro também procurou demonstrar o que aproxima e distancia o catolicismo de outras religiões.

É evidente que uma obra baseada em religião comparada se afasta da ortodoxia católica, que rejeita a validade de outras tradições. Porém *Abel em Assis* não foi escrito para fiscais da ortodoxia.

Muito já foi escrito sobre o encontro do santo de Assis com o sultão Malik el-Kamil, em Damietta, no Egito, em 1219, e houve várias tentativas modernas de reinterpretá-lo. A literatura franciscana, no entanto, desaprova essas novas interpretações. São Francisco de Assis buscou o martírio, e não a conversão do sultão. Sua real intenção era imitar Cristo até na hora da morte, mas ele foi salvo pela Divina Providência. O sultão ficou admirado com o desapego de São Francisco de Assis pelos bens materiais e poupou sua vida. O *poverino* estava predestinado a ser estigmatizado e, de fato, ele se tornou o primeiro católico a receber as chagas de Cristo.

Sendo assim, não se deve usar o referido encontro para que católicos tentem converter muçulmanos. Este livro não tem esse propósito. Embora tenha sido escrito do ponto de vista católico, vivemos numa época em que as pontes para entender outras tradições já foram construídas. René Guénon e Frithjof Schuon, entre outros perenialistas, estudaram e sistematizaram o que existe de semelhante e diferente entre as religiões.

A missão de São Francisco de Assis não era converter muçulmanos, mas reviver a mística cristã dentro da Igreja Católica. *"O vento sopra onde quer, e ouves a sua voz, mas não sabes de onde vem, nem para onde vai; assim é todo aquele que é nascido do Espírito"* (João, 3:8).

Advertência

Este livro não é para ateus e agnósticos. O afresco de Giotto retratando o sermão aos pássaros de São Francisco de Assis foi escolhido justamente para afastar os descrentes.

Abel em Assis foi escrito para que os católicos possam compreender o misticismo de São Francisco de Assis, perceber o que existe de semelhante e diferente entre o catolicismo e outras religiões e entender a época em que vivemos. No entanto, isso não impede que o livro possa ser útil para cristãos de outras igrejas e para seguidores de outras tradições.

Estamos num período em que o ateísmo voltou a ser uma impossibilidade conceitual. Não existe mais base "científica" para ser ateu. No campo da biologia, o mais histórico discípulo de Darwin, Richard Dawkins, já teve seus sofismas expostos por Alister McGrath,[1] professor de teologia da Universidade de Oxford, e sua esposa, Joanna

---

[1] MCGRATH, Alister & MCGRATH, Joanna. *O Delírio de Dawkins. Uma resposta ao fundamentalismo ateísta de Richard Dawkins.* São Paulo: Editora Mundo Cristão, 2007.

McGrath, professora de psicologia da religião na Universidade de Londres.

No campo da física, Einstein provou a divisibilidade do átomo,[2] que os gregos acreditavam ser a menor partícula de matéria. Logo, toda e qualquer "filosofia" baseada no atomismo de Epicuro e Demócrito é descabida. A matéria, que comprovadamente retém energia, não é simplesmente matéria no sentido de quantidade, como os modernos a compreendem, mas a *matéria prima* dos escolásticos ou a substância universal de Aristóteles. Por sua vez, a *materia secunda*, que constitui a potência de um ser, jamais será potência pura, pois precisa do ato que lhe dá forma. Assim, traçando um paralelo entre a física de Einstein e a filosofia de Aristóteles, é possível dizer que a energia é ato (aquilo que é) e o átomo, potência (aquilo que pode ser).

Substantia deriva de *sub stare,* e significa "o que fica debaixo". A compreensão de Deus não deve basear-se na substância, pois ela é passiva em relação ao Criador. Deus só pode ser compreendido através da energia entendida como sinônimo da essência aristotélica ou da ideia platônica. Em outros termos, Deus só pode ser conhecido de cima para baixo, e não de baixo para cima.

Feitas estas observações, peço aos católicos que abrirão estas páginas que leiam com muita atenção a introdução e somente depois leiam o romance. É possível que algumas pessoas tenham dificuldade em acompanhar as citações sobre a metafísica de Aristóteles, e por isso usei o ensaio do filósofo italiano Giovanni Reale, que é extremamente didático. Após ler Aristóteles,

---

[2] Átomo, em grego, significa indivisível.

torna-se fácil reconhecer a santidade e o misticismo de São Francisco de Assis. Peço, também, que não deixem de ler todas as notas de rodapé, pois elas são essenciais na compreensão da ideia, em sentido platônico, que tentei transmitir nesta obra.

As citações bíblicas foram retiradas da Edição Claretiana, 16ª edição, Editora Ave Maria, 1998.

*"Nacque al mondo un sole."*³

Dante Alighieri, *Divina Comédia* ("Paraíso", Canto XI, verso 50)

"Porquanto não nos destinou Deus para a ira, mas para alcançar a salvação por nosso Senhor Jesus Cristo (...) Não desprezeis as profecias."

I Tessalonicenses 5: 9, 20.

"Se fordes ultrajados pelo nome de Cristo, bem-aventurado sois vós, porque o Espírito de glória, o Espírito de Deus repousa sobre vós. (...) Porque vem o momento em que se começará o julgamento pela casa de Deus. Ora, se Ele começa por nós, qual será a sorte daqueles que são infiéis ao Evangelho de Deus?"

I Pedro, 4: 14, 17

"Os crentes, os judeus, os cristãos e os sabeus, enfim, todos os que creem em Deus, no Dia do Juízo Final, e praticam o bem, receberão sua recompensa do Senhor e não serão presas do temor, nem se atribularão."

Sura, 2,62 (Alcorão)

---

³ *"Nasceu para o mundo um sol"*, numa tradução aproximada. Foi assim que Dante se referiu a São Francisco de Assis.

"Enganar-se-ia quem pensasse que a missão profética de Fátima esteja concluída."

Papa Bento XVI, sermão em Fátima, em 13 de maio de 2010.

"Antes do advento de Cristo, a Igreja deve passar por uma provação final que abalará a fé de muitos crentes. A perseguição que acompanha a peregrinação dela na Terra desvendará o 'mistério de iniquidade' sob a forma de uma impostura religiosa que há de trazer aos homens uma solução aparente a seus problemas, à custa da apostasia da verdade. A impostura religiosa suprema é a do Anticristo, isto é, a de um pseudomessianismo em que o homem glorifica a si mesmo em lugar de Deus e de seu Messias que veio na carne."

Catecismo da Igreja Católica, parágrafo 675.

"As interpretações modernas típicas acerca do encontro de São Francisco com o sultão imaginam que ele procurava fazer avançar a paz entre cristãos e muçulmanos, assimilando-o, assim, às preocupações contemporâneas com a não violência, ou então retratam-no como tentando converter o sultão ao cristianismo, transformando-o, no processo, em um proto-humanista que desejava resolver as divergências mediante uma elaboração racional conjunta. Parece-me claro que estas interpretações são deturpações bem-intencionadas da história. Francisco foi à Damieta para morrer, como os primeiros relatos testemunham unanimemente."

Robert W. Lawrence, *Francis of Assisi before the Sultan: Islam in Early Franciscan Writings (1219 – 1267).*

"Essa conquista da imortalidade implica essencialmente a reintegração no centro do estado humano, isto é, no ponto em que se estabeleceu a comunicação com os estados superiores do ser. Tal comunicação é representada pela compreensão da linguagem dos pássaros, pois, de fato, os pássaros são tomados com frequência como símbolos dos anjos, ou seja, precisamente dos estados superiores (...) Os 'auspícios' (que vem de aves spicere, observar os pássaros), presságios obtidos do voo e do canto do pássaros, estão mais próximos da 'linguagem dos pássaros', entendida neste caso em seu sentido mais material, mas no entanto ainda identificada com a 'linguagem dos deuses', visto admitir-se que estes manifestavam sua vontade através de presságios; os pássaros desempenhavam assim o papel de 'mensageiros', análogo ao que em geral se atribui aos anjos (daí seu próprio nome, visto que é precisamente esse o sentido próprio da palavra grega angelos), se bem que tomado sob um aspecto muito inferior."

René Guénon, *Símbolos Fundamentais da Ciência Sagrada.*

"A pobreza, assumindo ou não a forma exterior da renúncia, é essencialmente desapego (de coisas externas, e não desapego interior como no caso da simplicidade): São Luís (1214-1270), rei da França, era tão desapegado — portanto tão 'pobre' — como S. Francisco, mas, sendo rei, ele não poderia renunciar materialmente ao seu palácio ou à sua família. A conexão entre esta pobreza e a humildade é muito importante: de fato, quem é desapegado das coisas também é

desapegado de si mesmo, uma coisa sendo impossível sem a outra."

Frithjof Schuon, The Spiritual Virtues according to St. Francis of Assisi.

"Aqueles que preservam seu fervor e aderem à virtude com amor e zelo pela verdade sofrerão injúrias e perseguições como se fossem rebeldes e cismáticos; pois seus perseguidores, instados por espíritos malignos, dirão que eles estão prestando um grande serviço a Deus ao eliminar tais homens pestilentos da face da Terra. Mas o Senhor será o refúgio dos aflitos e salvará todos os que confiam n'Ele. E, a fim de ser como seu Cabeça, estes, os eleitos, agirão com confiança, e por sua morte resgatarão para si a vida eterna; escolhendo obedecer a Deus e não aos homens, eles nada temerão, e preferirão perecer a consentir com a falsidade e a perfídia. Alguns pregadores manterão silêncio sobre a verdade, enquanto outros irão espezinhá-la e negá-la. A santidade de vida será vista com escárnio mesmo por aqueles que professam a religião exteriormente, pois naqueles dias Nosso Senhor Jesus Cristo enviará a eles não um verdadeiro Pastor, mas um destruidor".

São Francisco de Assis, profecia contida em
Works Of The Seraphic Father St. Francis Of Assisi.

Sumário

INTRODUÇÃO 23

1. SÃO FRANCISCO DE ASSIS 75
2. NO ÁPICE DA LUA CHEIA DE LEÃO 77
3. SEU INFERNO SÓ ESTAVA COMEÇANDO 85
4. *THE PRINCE OF DARKNESS IS A GENTLEMAN* 93
5. TRÊS DIAS ATRÁS 105
6. *SIAMO TUTTI PECCATORI* 109
7. O SANGUE DE CAIM 115
8. UM ENCONTRO MARCADO COM MICHELANGELO 121
9. O OPOSTO DE UMA GRAÇA 127
10. ABEL E JOANA 133
11. FRANCISCO 139
12. VOGLIO LASCIARE LA MIA ANIMA IN ASSISI 147
13. IRMÃO SOL 153

14	*SORELLA LUNA*	157
15.	UMA FILHA DE EVA	163
16.	ESSA ERA A SUA ESPERANÇA	169
17.	ABSALÃO	173
18.	UM LEÃO CONTEMPLANDO O SOL	177
19.	À ESQUERDA, O INFERNO. À DIREITA, A SEGUNDA MORTE	179
20.	O VOO DAS COTOVIAS	183
21.	SERÁ QUE ISSO TEM UM SIGNIFICADO?	187
22.	EM SILÊNCIO	191
23.	MÃE DO ANTICRISTO	197
24.	SUA PRECE FOI ATENDIDA	201
25.	*NATURA NATURANS, NATURA NATURATA*	205
26.	O TESTAMENTO	209
27.	A DESCIDA DA SERRA	217
28.	ELES IRIAM MORRER JUNTOS	221
29.	UM DIA DE SOL	225
30.	SAMIRA SENTIU-SE NO PARAÍSO	229
31.	UM TERÇO DE MADEIRA	233
32	NA COMPANHIA DA LIBANESA	237
33.	UMA PAGÃ DE OLHOS VERDES TRANSLÚCIDOS	241
34.	ECCO IL LEONE	245
35.	O NOME DO PRIMEIRO PAPA DA IGREJA CATÓLICA	249
36.	IRMÃ MORTE	253

Quem somos Letras do Pensamento Editora 261

Introdução

Apesar do que está expresso na advertência deste livro, vivemos numa época em que a maioria dos intelectuais no nosso país consideram a religião um atraso. Muitas pessoas que conheço não têm nenhuma crença, e algumas delas são dependentes de terapia e de ansiolíticos. Outras dizem acreditar numa energia, mas não sabem exatamente defini-la. Há ainda quem se orgulhe de ser agnóstico, que etimologicamente significa "ignorante". Já ouvi também que o Ocidente sempre se dividiu entre Atenas e Jerusalém. No entanto, no meio dessa confusão em que vivemos, os católicos que nunca leram a Bíblia e que se orgulham de ter um parente maçom são o pior exemplo que conheci.

Por tudo o que estudei e vivi até hoje, considero o ateísmo uma neurose. Já conheci ateus freudianos que se consultavam com astrólogos e comunistas ateus que frequentavam terreiros de candomblé e liam Pierre Verger. Esses exemplos serviram para que eu pudesse constatar que a religião está no subconsciente e no inconsciente dos descrentes. Os que usam Freud para justificar o próprio ateísmo possivelmente nunca leram a Bíblia, uma vez que os judeus sempre souberam interpretar sonhos. Basta ler as histórias de José e do profeta Daniel. E não custa lembrar que *psique* em grego significa "alma".[4]

Dito isso, estou convicto de que a psicanálise é uma religião[5]. Os psicanalistas que conheci criaram um altar

---

[4] O acadêmico David Bakan, professor da Universidade de Chicago, autor de *Sigmund Freud and the Jewish Mystical Tradition*, já explicou como Dr. Freud aprendeu a interpretar sonhos, assim como o embaixador Meira Penna escreveu um brilhante ensaio sobre esse tema intitulado "Freud, a Cabala e a Morte de Deus", em que ele elaborou uma interpretação freudiana para o ateísmo tardio de Freud. Além disso, o psiquiatra Heitor De Paola garantiu que Freud escreveu, em alemão, a palavra "seele", que pode ser traduzida como "alma". Quando sua obra foi traduzida para o inglês, sua filha Anna Freud autorizou que "seele" fosse traduzida por "mind" por razões não muito claras para mim, tendo em vista que ela morava em Londres e estava ligada ao Instituto Tavistock.

[5] "Cristo transmitiu a seus apóstolos autorização para ouvir 'confissões' e 'perdoar' pecados, o que envolve a transmissão de poderes espirituais. Mediante uma iniciação religiosa – o sacramento da Ordem –, certos indivíduos são investidos do sacerdócio e receberem tais 'poderes'. Freud, por assim dizer, adaptou, segundo seu método 'desconsagrador', tal concepção: um psicanalista só se habilita a pôr em prática as metodologias específicas da profissão, segundo a concepção freudiana 'ortodoxa', se for antes psicanalisado – ou 'iniciado', por outro analista.

O princípio pelo qual todo psicanalista deve antes ser analisado levanta a incômoda questão, como observou René Guénon em *O Reino da Quantidade e os Sinais dos Tempos*, acerca da fonte a partir da qual os primeiros analistas obtiveram os poderes que transmitem. Ou seja, quem ocupou o primeiro lugar da fila e passou os 'segredos' do ofício a Freud? E se ele foi o primeiro da série, autocolocava-se, então, ainda que de forma 'cabalisticamente' dissimulada, como fundador de uma nova linhagem pararreligiosa? A sucessão apostólica remonta, geração a geração, ao Cristo, assumidamente um líder religioso; mas o que dizer de Freud, que não se apresentava como tal, mas sim como fundador de uma perspectiva assumidamente antirreligiosa – fundamentalisticamente antirreligiosa, poderíamos dizer, mas que quer fundar seu método no mesmo princípio da sucessão estabelecido por Jesus? Isso só pode significar que Freud via a si mesmo como uma espécie de para Freud e o consideram inatacável. Assim, tenho certeza de que Freud realizou seu desejo de assumir o lugar do herói do povo hebreu ao escrever *Moisés e o Monoteísmo*[6]. Os psicanalistas são sacerdotes freudianos e vários deles prestam culto a Baco, uma vez que o sumo sacerdote da psicanálise não soube distinguir o subconsciente, que está abaixo da consciência, do inconsciente, que faz parte da imaginação de cada indivíduo, tendo, desta forma, deixado seus discípulos à mercê do êxtase demoníaco. Freud ressuscitou Baco e o Ocidente voltou a ser um circo romano. O homem que tinha medo de visitar Roma foi um dos principais responsáveis pela destruição da cultura cristã.

Como se não bastasse, é um fato inegável na história da filosofia ocidental que Dr. Freud apenas redescobriu o inconsciente e, ainda assim, se manteve refém do pensamento de Descartes, que já havia reduzido o intelecto à razão e negado a existência do espírito.

O verdadeiro pai da psicologia foi Aristóteles. Há mais de 2.400 anos ele ensinou que a imaginação é responsável pela intermediação entre as sensações e a razão,

---

'messias' moderno, como o fundador de uma 'religião' sem Deus – de fato, se lermos com atenção livros como *Moisés e o monoteísmo* ou ensaios como 'O Moisés de Michelângelo', fica evidente que ele se via como um novo Moisés, o 'profeta' de uma civilização sem Deus." (AZEVEDO, Mateus Soares, *Homens de um livro só – o fundamentalismo no islã, no cristianismo e no pensamento moderno*, Rio de Janeiro, Editora Nova Era, 2008, pp. 99-100).

[6] A obsessão de Freud por Moisés o levou a se comparar com o próprio, ao chamar Jung de "meu Josué". Apesar de ser judeu, ele entrou numa Igreja Católica só para poder admirar o Moisés de Michelangelo, e passou três semanas seguidas contemplando essa escultura. Freud ainda admitiu numa carta que seu desejo de visitar Roma era "profundamente neurótico". Ele visitara a Itália diversas vezes antes de tomar coragem de ir a Roma. Não é difícil adivinhar qual era o medo que Freud sentia de visitar Roma.

estando ligada à memória. Ocorre que as sensações são verdadeiras, mas a imaginação pode ser falseada. Como a razão sintetiza as informações da imaginação e dos sentidos, o indivíduo pode chegar a uma conclusão falsa se a imaginação também tiver sido falseada. Essa conclusão falsa foi chamada por Freud de "neurose", porém já havia sido descoberta por Aristóteles.

O filósofo de Estagira também sabia que a separação entre alma e corpo, inventada por Descartes, não existe. O ser humano é ato e potência, Purusha e Prakriti, Yang e Yin.

É fato notório que a filosofia grega serviu de base para a teologia católica. Platão foi cristianizado por Santo Agostinho e Aristóteles, por Santo Tomás de Aquino. A separação entre filosofia e teologia somente ocorreu com Kant.[7] Ocorre que ele não era ateu. O protestante Kant, após tomar conhecimento dos relatos sobre o Céu e o Inferno feitos pelo místico sueco Emmanuel Swedenborg, negou qualquer fundamento científico à metafísica e, assim, retirou da religião a base cognitiva. Entretanto, ele manteve a possibilidade do incognoscível e acreditou que estava subordinando a filosofia à religião. O resultado foi exatamente o oposto. Kant tornou a razão humana soberana ao desvencilhá-la de Deus e, assim, ressuscitou Prometeu. Após essa separação, filósofos que elaboraram

---

[7] "Kant chama de "ocultação transcendental" (Erscbleichung) a "transformação" da ideia puramente "reguladora" de Deus em uma realidade objetiva, o que prova uma vez mais que ele não podia conceber a certeza fora de um raciocínio fundado na experiência sensorial e operante deste lado da realidade que ele pretende julgar e negar. Em suma, o "criticismo" consiste em qualificar de mentiroso todo aquele que não se dobra a sua disciplina; os agnósticos fazem o mesmo na prática, ao decretar que ninguém pode conhecer nada, já que eles mesmos não conhecem nada ou não querem conhecer nada." (SCHUON, Frithjof, *O Esoterismo como Princípio e como Caminho*, p. 10).

uma metafísica foram pejorativamente chamados de pré-Kantianos.

Tratando-se somente do conhecimento racional, é possível confrontar a afirmação de Kant com a "metafísica" de Descartes. As ideias[8] de perfeição e infinitude são acessíveis à razão humana e são a base da pseudometafísica cartesiana. O pensador francês disse que era imperfeito e finito e tinha dentro de si as ideias de perfeição e infinitude. Logo, ele comprovou a existência de um Ser perfeito e infinito, uma vez que ele era incapaz de ter criado essas ideias. A beleza é uma espécie de perfeição e até uma criança é capaz de reconhecê-la quando se depara com uma paisagem ou com uma pessoa bela, uma vez que traz dentro de si a ideia de perfeição. Uma obra de arte perfeita é considerada uma obra-prima. Logo, como Kant pôde afirmar que a ideia de perfeição é inacessível à razão humana? Não por acaso, depois de Kant, os críticos de arte[9] começaram a perder a noção de beleza e passaram a se guiar somente pelo conceito de originalidade.

É necessário reconhecer, porém, que Kant era filho de Descartes,[10] que foi efetivamente o homem que

---

[8] As ideias platônicas também são essência no sentido aristotélico, e sinceramente não creio que Descartes estava ciente disso, pois negou a possibilidade da intuição intelectual. Ele usou o conceito de ideia platônica do modo totalmente profano, mas conseguiu constatar, mesmo baseado somente na razão, a existência de Deus.

[9] A origem da arte é inquestionavelmente religiosa. Segundo o historiador E. H. Gombrich, a arte equivalia a um trabalho de magia, e os povos primitivos faziam pinturas e estátuas como forma de proteção espiritual. (GOMBRICH, E. H. *A História da Arte*. 16ª ed., Rio de Janeiro: Editora LTC, 1999, p. 40). Assim, ao separar a razão humana de Deus, Kant também separou a arte da religião. Não foi pequeno o mal que ele fez ao Ocidente.

[10] Sou obrigado a dizer que Guénon observou uma relação de causalidade entre o livre exame da Bíblia, feito por Lutero, e o racionalismo

arruinou o Ocidente ao introduzir a noção de dúvida na filosofia,[11] reduzir a inteligência humana somente à razão, negar a existência do espírito e, como se não bastasse, estabelecer uma separação entre a alma e o corpo, criando uma divisão fictícia entre psicologia e biologia que destruiu a medicina ocidental.[12] Embora tenha elaborado

---

cartesiano. A Reforma Protestante pariu a filosofia profana de Descartes. Assim, seria injusto atribuir somente ao pensador francês a ruína da civilização ocidental. Lutero teve grande participação nesse processo de decadência. Apesar de conhecer vários protestantes que são pessoas de bem, tenho de admitir que eles não compreendem a dimensão espiritual do cristianismo, e normalmente reduzem a religião cristã à moral.

[11] Descartes duvidou da percepção dos sentidos, sendo que o ser humano somente possui os sentidos e a inteligência para conhecer a realidade. Aristóteles jamais escreveria tal insanidade, pois ele disse que o conhecimento, inicialmente, é sensível. A razão só pode compreender o que é percebido pelos sentidos.

[12] O neurocientista Antonio R. Damásio expressou que "A separação cartesiana pode estar também subjacente ao modo de pensar de neurocientistas que insistem em que a mente pode ser perfeitamente explicada em termos de fenômenos cerebrais, deixando de lado o resto do organismo e o meio ambiente físico e social — e, por conseguinte, excluindo o fato de parte do próprio meio ambiente ser também um produto das ações anteriores do organismo. Protesto contra essa restrição, não porque a mente não esteja diretamente relacionada com a atividade cerebral, pois obviamente está, mas porque essa formulação restritiva é forçosamente incompleta e insatisfatória em termos humanos. É um fato incontestável que o pensamento provém do cérebro, mas prefiro qualificar essa afirmação e considerar as razões por que os neurônios conseguem pensar tão bem. Essa é, de fato, a questão principal. A ideia de uma mente desencarnada parece ter também moldado a forma peculiar como a medicina ocidental aborda o estudo e o tratamento da doença (ver o Posfácio). A divisão cartesiana domina tanto a investigação como a prática médica. Em resultado, as consequências psicológicas das doenças do corpo propriamente dito, as chamadas doenças reais, são normalmente ignoradas ou levadas em conta muito mais tarde. Mais negligenciado ainda é o inverso, os efeitos dos conflitos psicológicos no corpo. É curioso pensar que Descartes contribuiu para a alteração do rumo da medicina, ajudando-a abandonar a abordagem orgânica da mente-no-corpo que predominou desde Hipócrates até o Renascimento. Se o tivesse conhecido, Aristóteles teria ficado irritado com Descartes.

uma pseudometafísica baseada nas supracitadas ideias de perfeição e infinitude, ele negou a possibilidade da intuição intelectual. Foi Descartes quem fundou a "filosofia" profana. Kant somente terminou o serviço iniciado por ele ao rebaixar ainda mais a razão e torná-la uma faculdade incapaz de conhecer Deus. Nietzsche, portanto, era filho de Kant e neto de Descartes. Já que sua inteligência teve o acesso interditado à verdadeira Metafísica, seu espírito desceu ao Inferno e "matou" Deus.[13] Por isso, é necessário resgatar Aristóteles antes de iniciar a leitura deste romance.

Não falo grego, e estudei a Metafísica de Aristóteles por intermédio da versão do filósofo italiano Giovanni Reale,[14] especialista em Platão e Aristóteles. Todas as citações transcritas neste texto sobre a Metafísica foram extraídas da edição de Reale, que considera esta a obra mais importante em sua formação intelectual.

De acordo com Giovanni Reale, "o filósofo de Estagira estabeleceu quatro conceitos para a Metafísica."

O primeiro: *"a ciência ou conhecimento das causas e dos princípios primeiros ou supremos"*.[15] Saber *que* algo ocorre é apenas constatar. Saber *por que* algo ocorre é conhecer.

(DAMÁSIO, Antonio. *O Erro de Descartes, Emoção, Razão e Cérebro Humano*, São Paulo: Companhia das Letras, 1996, p. 281-2).

[13] Nesse sentido, Nietzsche e Freud agiram do mesmo modo. O pai da psicanálise, em sua obra *A Interpretação dos Sonhos*, usou, como epígrafe, o seguinte verso de Virgílio: "Flectere si nequeo superos. Acheronta movebo", que, numa tradução livre, pode significar "se não puder mudar o Céu, recorrerei ao Inferno", pois Aqueronte, na mitologia grega, era um rio que levava ao Inferno. Conheci várias pessoas que pagavam caro para descer ao inferno semanalmente.

[14] REALE, Giovanni. *Metafísica de Aristóteles*. Tradução de Marcelo Perine. São Paulo: Edições Loyola, 2001, 756 p.

[15] Ibidem, p. 37.

Portanto, segundo Aristóteles, conhecer implica saber a causa ou princípio de uma coisa. O filósofo usava causa e princípio como sinônimos em sua obra.

E quais são esses princípios primeiros ou supremos da Metafísica? São os que *"condicionam toda a realidade, ou seja, as causas e os princípios que fundam os seres em sua totalidade."*[16]

Reale, assim, afirmou sobre o primeiro conceito:

> *"a metafísica é ciência do porquê último de todas as coisas, é ciência das razões supremas da realidade, por isso é ciência incomparavelmente superior a todas as outras ciências particulares; é – Aristóteles diz inclusive – ciência divina: em primeiro lugar, porque é ciência de Deus (Deus é, de fato, o supremo dos princípios e a primeira das causas), e, em segundo lugar, porque, se por acaso alguém possui esta ciência em sua perfeição e completude, este só pode ser o próprio Deus".*[17]

O segundo conceito: *"a ciência do ser enquanto ser e do que compete ao ser enquanto ser."*[18] Aristóteles explicou esse conceito da seguinte forma:

> *"Existe uma ciência que considera o ser enquanto ser, e as propriedades que lhe competem enquanto tal. Ela não se identifica com nenhuma das ciências particulares: de fato, nenhuma das outras ciências considera universalmente o ser enquanto ser, mas, delimitando uma parte dele, cada uma estuda as características dessa parte. Assim o fazem, por exemplo, as matemáticas."*[19]

---

[16] Ibidem p. 39.
[17] Idem.
[18] Idem.
[19] ARISTÓTELES, *apud* REALE, p. 40.

Já a metafísica tem como *"objeto de indagação a realidade, não enquanto esta ou aquela realidade particular determinada, mas a realidade considerada enquanto tal: a realidade enquanto realidade, o ser enquanto ser."*[20]

Assim, o segundo conceito coincide com o primeiro, apenas com uma diferença de perspectiva. A ciência das causas ou dos princípios primeiros nada mais é do que a ciência de toda a realidade e de todo o ser, isto é, a ciência das causas primeiras ou supremas, e não causas particulares. Aristóteles ainda acrescentou sobre o ser enquanto ser:

> *"Ora, dado que buscamos as causas e os princípios supremos, é evidente que estes devem ser causas e princípios de uma realidade que é por si. Se também os que buscavam os elementos dos seres, buscavam esses princípios supremos, necessariamente aqueles elementos não eram elementos do ser acidental, mas do ser como ser. Portanto, também nós devemos buscar as causas do ser enquanto ser."*[21]

O terceiro conceito: a teoria da substância.[22] Prossigo com a citação de Reale:

> *"Como essa definição sintoniza com as precedentes? Aristóteles responde de modo claríssimo. A metafísica, segundo as precedentes definições, é ciência das causas e dos primeiros princípios, ou ciência das causas e princípios primeiros do ser. Ora, segundo o Estagirita – como veremos de modo pormenorizado –, o ser tem múltiplos*

---

[20] Idem.
[21] ARISTÓTELES *apud* REALE, p. 40-1.
[22] Reale ressalvou que traduzir *ousia* por "substância" é inexato, pois não possui ligação linguística com o termo "ser" em grego. A melhor tradução de "substância" seria "entidade", que possui raiz com a palavra "ser". No entanto, ele manteve "substância", pois "entidade" é um termo usado de forma genérica.

significados, dos quais o de substância não só é o principal, mas até mesmo o fundamento de todos os outros. Se assim é, a ciência das causas das causas e dos princípios do ser deverá configurar-se, fundamentalmente, como ciência das causas e dos princípios da substância.

Nesse sentido, se exprime repetidamente Aristóteles sem dar margens a equívocos. (...) em Z 1:

> *"E na verdade, o que desde os tempos antigos, assim como agora e sempre, constituiu o eterno objeto de pesquisa e o eterno problema: 'que é o ser', equivale a este: 'que é a substância' (...) por isso também nós devemos examinar principalmente, fundamentalmente e, por assim dizer, exclusivamente, o que é o ser neste significado."*

E assim se explica perfeitamente por que a metafísica é denominada e definida por Aristóteles como ciência da substância ou, também, ciência das causas e princípios da substância. Também no que se refere à substância remetemos os aprofundamentos a um capítulo posterior."[23]

A quarta definição: metafísica como ciência teológica. De acordo com Reale, a *"metafísica é, enfim, repetidamente definida – implícita ou explicitamente – como teoria de Deus ou 'ciência teológica'".*[24] E nas próprias palavras de Aristóteles:

> *"Esta (isto é, a sapiência metafísica), de fato, entre todas (as ciências), é a mais divina e a mais digna de honra. Mas uma ciência só pode ser divina nos dois sentidos seguintes:*

---

[23] Ibidem, p. 41-2.
[24] Ibidem, p. 43.

> *(a) ou porque ela é ciência que Deus possui em grau supremo, (b) ou porque ela tem por objeto as coisas divinas. Ora, só a sapiência (isto é, a metafísica) possui essas duas características. De fato, é convicção comum a todos que Deus seja uma causa e um princípio, e, também, que Deus, exclusivamente ou em sumo grau tenha esse tipo de ciência. Todas as outras ciências serão mais necessárias do que esta, mas nenhuma lhe será superior."*[25]

Neste conceito resta claro que o objeto da metafísica está acima da física, pois versa sobre as coisas divinas. O seu objeto, portanto, é a substância suprassensível. Volto a Aristóteles:

> *"Por outro lado, dado que existe algo (= o metafísico) que está acima do físico (de fato, a natureza é apenas um gênero do ser); ao que estuda o universal e a substância primeira caberá também o estudo dos axiomas. A física é, sem dúvida, uma sapiência, mas não é a primeira sapiência."*[26]

O filósofo explicitou, ainda, essa diferença entre física e metafísica ao dizer que aquela cuida dos seres em movimento enquanto esta se refere às realidades que são separadas e imóveis.

Giovanni Reale, ao contrário de outros intérpretes, não viu incompatibilidade entre as quatro definições da metafísica aristotélica, especialmente entre as definições ontológica e teológica. Eis o que ele expressou:

> *"A metafísica é teoria do ser ou ontologia; mas o ser é um múltiplo encabeçado – estruturalmente – pela subs-*

---
[25] Idem.
[26] Ibidem, p. 44.

tância, de modo que a pesquisa ontológica se configura, necessariamente, em primeiro lugar como usiologia, isto é, pesquisa sobre o ser (a ousia) que é o fundamento de todos os outros seres. Ora, se só existissem substâncias sensíveis, a metafísica como tal não existiria, pois se reduziria à mera física. Portanto, a existência de uma ontologia e uma usiologia não físicas (ou não meramente físicas) depende da existência ou não de uma substância suprafísica. Neste sentido, então, a ontologia e usiologia não físicas ou metafísicas só são possíveis na medida em que se abrem em sentido teológico."[27]

Ele ainda frisou que *"Se Deus não existisse, a natureza não seria apenas 'um gênero do ser', mas conteria em si todo o ser e, consequentemente, a consideração ontológica não poderia ser mais do que física."* [28]

Após essas quatro definições de metafísica, Aristóteles estabeleceu quatro causas para a pesquisa metafísica em relação ao mundo do devir (o movimento contínuo):

1. Causa formal – é a forma ou essência das coisas: a alma para os viventes.
2. Causa material – é aquilo de que é feita uma coisa: por exemplo, a matéria dos animais são carne e ossos e a matéria da esfera de bronze é o bronze.
3. Causa eficiente ou motora – é aquilo de que provém a mudança e o movimento das coisas. A vontade é causa eficiente de várias ações do homem; o pai é causa eficiente do filho.
4. Causa final – é o fim ou o propósito das coisas e das ações; é o bem de cada coisa, ou o escopo no qual tende

---

[27] Ibidem, p. 47.
[28] Idem.

o devir do homem. O devir das coisas, portanto, exige as quatro causas. A causa final da vida de um homem só pode ser a morte e, em sentido aristotélico, trata-se de um bem. A essência, a alma, se liberta da matéria, do corpo, e volta a ser somente essência e a fazer parte da substância suprassensível.

No entanto, Reale ensinou que as quatro causas não bastam para explicar o devir das coisas em sua totalidade, uma vez que existe harmonia nos ciclos de geração e corrupção. Por isso, Reale indagou: *"qual é a causa da geração e da corrupção em geral e, em particular, dessa harmonia, dessa constância com que se articulam a geração e a corrupção e, portanto, a continuidade do devir e do ser do cosmo?"*[29]

Aristóteles respondeu que a causa eficiente dessa harmonia é o Sol.[30] Cosmo, em grego, significa "harmonia" e é antônimo de "caos". E acima do Sol está Deus, o movente imóvel, a causa final.

Houve um homem chamado Giovane di Pietro di Bernardone (1181 ou 1182 – 1226) que se tornou conhecido como São Francisco de Assis.[31] Embora não tivesse a sofisticação intelectual de Aristóteles, ele foi a personificação da metafísica aristotélica. O Cântico das Criaturas, ou Cântico do Irmão Sol, nada

---

[29] Ibidem, p. 54.
[30] O Sol teve importante papel na aparição da Virgem Maria em Fátima.
[31] São Francisco de Assis se tornou superior a Aristóteles ao receber uma Revelação e a missão de reconstruir espiritualmente a Igreja de Cristo. Como portador de uma Revelação, ele adquiriu o *status* de Profeta e por isso estava acima de quem apenas detinha o conhecimento metafísico.

mais é do que o reconhecimento, em linguagem mais simples, de que, acima das quatro causas metafísicas, que não são suficientes para explicar o devir em sua totalidade, está a causa eficiente da geração e da corrupção das coisas: o Sol. Abaixo do Sol, estão os *tattvas*, as categorias aristotélicas.[32] São Francisco menciona os irmãos ar, água, terra e fogo como criaturas de Deus. E acima do Sol está o motor imóvel, a causa primeira, Deus.

Embora Aristóteles tenha se enganado ao afirmar que o Sol gira em torno da Terra, o centro do nosso sistema solar permanece como o responsável pela existência de vida no nosso planeta. Se o Sol fosse maior ou menor do que é não haveria vida na Terra.

O santo de Assis viveu em comunhão com a natureza. Ele sabia que ela é imanente a Deus. Reale afirmou que o ser humano que faz metafísica aproxima-se de Deus, e Aristóteles situou nisso a máxima felicidade do ser humano, já que o homem é bem-aventurado quando conhece e contempla os princípios supremos do Ser. Por isso, acredito que São Francisco de Assis deva ter sido um homem extremamente feliz enquanto esteve na Terra.

Por representar uma ameaça ao catolicismo então vigente, Aristóteles precisou ser lido em linguagem católica por Santo Tomás de Aquino (1225- 1274), que foi o responsável por conciliar o catolicismo com a metafísica aristotélica.[33] Essa conversão do pagão Aristóteles foi mais do que justificada. A metafísica é apenas a participação

---

[32] Mais adiante há uma explicação sobre as categorias aristotélicas.
[33] É uma questão de justiça reconhecer que a Igreja Católica deve ao islã o acesso à filosofia de Aristóteles. A obra do filósofo grego foi guardada na Biblioteca de Alexandria, que foi conquistada pelos árabes.

direta e ativa no Conhecimento Divino, enquanto a Revelação é a palavra de Deus dada às suas criaturas. Assim, os Vedas, o Pentateuco (a Torá), Jesus Cristo, o Alcorão e o budismo[34] são exemplos de Revelação. Já a sabedoria de Pitágoras, Sócrates, Platão, Aristóteles e Plotino são exemplos de metafísica. A fé é apenas a participação indireta e passiva no Conhecimento Divino, cujo melhor exemplo é o livre exame da Bíblia feito por Lutero.

É inegável que as revelações e metafísicas se originaram de dois círculos culturais: um indo-europeu e outro semita. Os indo-europeus primitivos se espalharam pelo Irã, Índia, Grécia, Itália, França e Rússia, entre outros países. A cultura indo-europeia sempre foi majoritariamente politeísta. Parte dessa cultura desapareceu e se tornou mitologia. Já a cultura semita nunca desapareceu, caracteriza-se pelo monoteísmo e, depois do advento da Igreja Católica, pela doutrina da Santíssima Trindade. Aqui o catolicismo se diferenciou substancialmente do judaísmo e do islã e se aproximou da cultura indo-europeia. Entre as três religiões semitas, a Igreja Católica é a tradição que guarda mais semelhança com a dos indo-europeus. Dessas três tradições, o catolicismo também é a única que ostenta exotericamente o culto à "natureza feminina de Deus", que nesta tradição assumiu a forma da Virgem Maria.[35] Lembro que o dogma da Imaculada

---

[34] Buda não era uma encarnação de Vishnu, o que não significa que no budismo não exista um Ser equivalente ao Kalki Avatara. Além disso, não é possível negar a existência de profecias nas escrituras budistas, como demonstraram os autores perenialistas. Sobre esse tema, sugiro que o leitor consulte o livro *Treasures of Buddhism*, especialmente o capítulo "Mystery of the Boddhisattva", de Frithjof Schuon.

[35] Sobre a Divindade Feminina na Santíssima Trindade, recomendo a consulta de *A Unidade Transcendente das Religiões*, de Frithjof Schuon.

Conceição foi instituído pelo Papa Pio IX (1792-1878), sepultando, assim, qualquer discussão entre católicos sobre a concepção sem pecado da Mãe de Deus.

Esses dois círculos culturais distintos se confrontaram diversas vezes e encontraram em São Paulo Apóstolo a sua síntese. Atenas representava a cultura indo-europeia e Jerusalém, a semita. São Paulo era o apóstolo mais culto de Cristo. Sua alma era judaica e helênica. Somente um apóstolo formado em duas culturas seria capaz de escrever como um filósofo grego, e São Paulo era esse homem. A missão dele, em Atenas, foi extremamente difícil, mas ele encontrou esperança ao ver um templo dedicado a um deus desconhecido. Muitos gregos pensaram que São Paulo anunciava a salvação pelo Deus Cristo e pela Deusa Ressurreição.[36] Em sua pregação em Atenas, o apóstolo disse sobre Deus: *"Porque é nele que temos a vida, o movimento e o ser."*[37]

Esse conceito paulino de Deus não difere da causa eficiente de Aristóteles, que a conceituou como aquilo de que provém a mudança e o movimento das coisas. Aqui recordo que o filósofo macedônio estabeleceu duas causas eficientes:[38] uma particular (o pai é causa eficiente do

---

Segundo Schuon, o Espírito Santo possui uma natureza feminina e passiva em relação ao Pai. Logo, há uma Divindade Feminina oculta na Santíssima Trindade. Neste ponto, a tradição católica é bastante similar à hindu, cuja Divindade Feminina recebe o nome de Shakti. Acrescento que Shakti e Shekinah, a Divindade Feminina no esoterismo judaico, são nomes que guardam notável semelhança.

[36] Ressurreição, em grego, é *anástasis*. Por isso, os gregos pensaram que ressurreição fosse uma deusa. Ver Atos, 17:18.

[37] Atos, 17:28.

[38] Registro que a doutrina bíblica do Bem e do Mal no Catolicismo encontrou em Aristóteles sua explicação teológica. Deus somente é causa eficiente. Do Criador somente provém o Bem. O Mal deriva da pró-

filho) e uma geral (o Sol, a causa eficiente pelo movimento contínuo de todas as coisas, que são geradas e corrompidas num processo cíclico).

A definição de São Paulo também se ajusta ao conceito de ser e de substância, que são sinônimos para Aristóteles. Recordo que o filósofo disse que *"o ser tem múltiplos significados, dos quais o de substância não só é o principal, mas até mesmo o fundamento de todos os outros."* Assim, aposto que Aristóteles e São Paulo teriam gostado de se conhecer. Pena que viveram em diferentes épocas. Noto que São Paulo deu ênfase à imanência ao frisar justamente a substância, pois nos movemos e temos vida porque fazemos parte do Ser. Aristóteles fez o mesmo ao preferir centrar sua metafísica na substância, enquanto Platão, que preferiu a transcendência e se fixou na ideia que corresponde à noção de essência para Aristóteles.

Preciso voltar à metafísica aristotélica para acrescentar que ele estabeleceu quatro conceitos para o Ser em razão de seus múltiplos significados: 1º conceito: o acidente. Exemplo: o homem é músico. Ser músico é um acidente. 2º conceito: o ser por si. É o oposto do ser acidental. Exemplo: a própria substância (ou a própria entidade, se fosse usado o termo que guarda ligação linguística). O ser possui uma essência, uma forma, que Aristóteles denominou *eidos*, a qual ele se referiu como a "substância primeira", e a *ousia*, designada "substância segunda". Assim, a substância segunda é a capacidade de assumir ou

---

pria criatura, sendo, portanto, uma causa deficiente. Uma doença, por exemplo, é uma causa deficiente que deriva da própria criatura. Nessa questão, entendo que a doutrina católica é superior à Hindu, que considera o Mal apenas uma sombra. O câncer e o AVC não são apenas sombras, e qualquer pessoa sabe disso.

receber forma. O ser por si é essência e substância. Aristóteles estabeleceu ainda categorias como exemplo de ser por si, mas ressalvou que as categorias são só seres por homonímia, ou seja, somente podem ser chamadas de seres por causa do nome, porém não são iguais à substância, pois estão subordinadas a esta e constituem fundamento de segunda ordem dos outros significados do ser.

Para prosseguir na explicação das categorias faz-se necessário o uso da religião comparada para demonstrar a origem comum da filosofia grega e do hinduísmo, pois ambos são filhos da cultura indo-europeia. Na religião hindu, os *tattvas* são princípios abstratos da existência e correspondem à água, terra, fogo, ar e espaço (éter). Relacionam-se ainda aos cinco sentidos e aos cinco dedos da mão.[39]

Aristóteles devia a Empédocles o conceito de categorias e, segundo este filósofo, havia 4 (quatro) elementos materiais ou "raízes" no mundo: a ar, a água, a terra e o fogo. Ele acrescentou que o amor e o ódio eram duas forças responsáveis, respectivamente, pela agregação e a desagregação desses elementos. É possível traçar um paralelo, de modo aproximado, entre os conceitos de amor e ódio e os de geração e corrupção e, assim, unir as filosofias de Empédocles e Aristóteles.[40] No entanto, o

---

[39] Já notaram que o Papa somente faz o sinal da cruz e abençoa os católicos com o polegar, o indicador e o dedo médio? Ele não usa os dedos anelar e o mínimo. Os três dedos usados canalizam forças celestes (espaço ou éter, fogo e ar) ou masculinas. Já os dedos anelar e o mínimo servem para absorver forças telúricas (água e terra) ou femininas. Só se compreende Deus de cima para baixo, e não debaixo para cima.

[40] Ressalto que Aristóteles substituiu ódio por corrupção, pois o Sol, como causa eficiente, só pode produzir o bem e, até mesmo a morte, como causa final da vida, é um bem em sentido aristotélico. Logo, a

segundo superou o primeiro ao identificar uma causa eficiente para a geração e a corrupção: o Sol.

Aristóteles herdou de Empédocles o conceito de categorias, mas ampliou seu número,[41] estabelecendo dez[42] categorias, e ainda mudou sua terminologia: São elas:
1. substância;
2. qualidade;
3. quantidade;
4. relação;
5. ação ou agir;
6. paixão ou padecer;
7. onde ou lugar;
8. quando ou tempo;
9. ter;
10. jazer.

Vou precisar de René Guénon para explicar os conceitos de qualidade e quantidade:

> *"(...) a essência é, em suma, a síntese principal de todos os atributos que pertencem a um ser e que fazem desse ser o que ele é (atributos ou qualidades são sinônimos, no fundo); notemos que a qualidade, assim encarada*

---

morte não pode receber o nome de ódio, sendo mais apropriado o termo corrupção, que deve ser entendido como degeneração.

[41] É importante frisar que os 5 *tattvas*, como já foi dito, guardam correspondência com os 5 dedos da mão. Aristóteles, ao passar o número de categorias de Empédocles de 4 (quatro) para 10 (dez), ajustou, simultaneamente, esse conceito ao número de dedos das duas mãos, bem como à *Tétraktys* pitagórica (1 + 2 + 3 + 4 = 10. O quaternário contém todos os números e por isso se relaciona com o denário).

[42] A nona e a décima (ter e jazer) foram citadas nas obras de Lógica, e não na Física e Metafísica.

> *como o conteúdo da essência, se é permitida a expressão, não está restringida exclusivamente ao nosso mundo, mas é suscetível de uma transposição que universaliza a sua significação, fato que não nos deve espantar, já que ela representa aqui o princípio superior: mas numa tal universalização, a qualidade deixa de ser o correlativo da quantidade, porque esta, pelo contrário, está estritamente ligada às condições especiais do nosso mundo; aliás, do ponto de vista teológico, não se liga já, de certo modo, a qualidade ao próprio Deus, ao falar dos Seus atributos, enquanto que seria impensável pretender transportar para Ele quaisquer determinações quantitativas? Poder-se-ia objetar que Aristóteles agrupa a qualidade e a quantidade entre as 'categorias', que não são mais que modos especiais do ser e que não lhe são coextensivas; mas isso é porque ele não efetua a transposição que acabamos de referir, coisa que, aliás, não tinha de fazer, já que a enumeração das 'categorias' só se refere ao nosso mundo e às suas condições, de tal modo que a qualidade não pode e não deve ser realmente tomada, nesse caso, senão no sentido mais imediato para nós – no nosso estado individual em que ela se apresenta, tal como dissemos primeiro – como um correlativo da quantidade."[43]

Não vou me aprofundar sobre as demais categorias, pois meu objetivo é outro. O que importa, neste texto, é frisar que Aristóteles conciliou Empédocles com Pitágoras ao estabelecer 10 categorias para a substância e, simbolicamente, ainda encontrou uma correspondência com os *tattvas*, quando se considera que o ser humano possui duas mãos e, portanto, a capacidade em dobro de manejar os cinco elementos.

---

[43] GUÉNON, René. *O Reino da Quantidade e os Sinais dos Tempos*. São Paulo: Editora IRGET, 2010, p. 16-7.

Assim, creio que está demonstrada a relação entre os *tattvas* e as categorias. Sigo para o próximo conceito do ser.

3º conceito: o ser como verdadeiro,[44] ao qual é contraposto o significado do *não ser* como falso. O ser verdadeiro indica o ser de juízo verdadeiro quando se diz, por exemplo, "aquele homem é músico", entendendo ser verdadeiro que se trate de um músico. A mesma afirmação poderia configurar um *não ser* se entendida como falsa, caso o homem não seja músico.

4º conceito: o ser como ato e como potência.

Ato é aquilo que é. Potência é o que pode ser. O ser humano é ato e potência ou, em outros termos, é essência e substância. Essa dualidade é inerente ao ser manifestado. Como ensinou René Guénon,[45] ato e potência, em outra cultura, foram designados respectivamente como *Purusha* e *Prakriti*.

Dito isso, creio que, mais uma vez, é inegável a origem comum da filosofia grega e do hinduísmo.

Retorno a São Paulo. Muitos gregos zombaram de seu discurso sobre o Juízo Final a que todos os homens terão de comparecer perante Cristo. No entanto, algumas pessoas acreditaram no apóstolo. Entre eles, Dionisio, o areopagita, e uma mulher chamada Damaris.

Segundo o teólogo Huberto Rohden,[46] Dionisio era um ilustre senador de Atenas e Damaris, uma senhora da alta sociedade. Eles e um grupo de gregos procuraram São Paulo após seu discurso no Areópago, pois o viram

---

[44] Noto que Aristóteles equiparou o ser à verdade, e Cristo disse ser "o caminho, a verdade e a vida" (João, 14:6).
[45] GUÉNON, René. Op. cit., p. 26-7.
[46] ROHDEN, Huberto. *Paulo de Tarso*. 21ª ed. São Paulo: Editora Martin Claret, 2001, p. 206.

como um sábio e queriam conhecer com mais profundidade a sabedoria da qual ele era o portador. Apesar desse grupo de convertidos, São Paulo não conseguiu formar uma igreja digna do nome em Atenas. Em suas epístolas, não há nenhuma menção a uma igreja em Atenas. Sobre esse fato, Rohden foi sarcástico ao escrever que *"mais facilmente abraçavam o Evangelho os escravos da carne do que o Lúcifer do orgulho"*.[47]

Sou obrigado a notar outra semelhança entre São Paulo e Aristóteles: os dois foram hostilizados em Atenas. Aristóteles fugiu dessa cidade[48]. Assim, está claro que a maioria de Atenas era refratária à verdadeira sabedoria, seja a revelada, da qual São Paulo era o portador, seja a nascida da intuição intelectual cujos representantes eram Sócrates, Platão e Aristóteles.

O que é importante frisar, mais uma vez, nessa relação entre Atenas e Jerusalém é que os dois maiores gregos, Platão e Aristóteles, serviram de base para a teologia da Igreja Católica. Santo Agostinho, que viveu entre 354 e 430, atribuiu o mundo das ideias de Platão a Deus, e assim cristianizou o grego. O próprio Agostinho se indagou se Platão havia conhecido parte do Velho Testamento, pois o paralelo entre sua filosofia e o cristianismo era evidente.[49]

---

[47] Ibidem, p. 207.
[48] Após a morte de Alexandre, o Grande, de quem Aristóteles fora tutor, os atenienses passaram a hostilizar os macedônios.
[49] A filosofia de Platão foi inspirada na de Pitágoras, que viveu no Egito, onde também viveram Moisés e o povo hebreu durante 400 anos de escravidão. Assim, não tenho receio de dizer que Pitágoras conhecia o segredo da esfinge, pois a Cabala nunca foi exclusiva do povo hebreu e Moisés a recebeu de sacerdotes egípcios. O que é exclusiva do povo hebreu é a aliança de Abraão e Isaac.

No ano 529, o imperador Justiniano mandou fechar a Academia de Platão, e o filósofo passou a ser estudado somente pelo clero católico. Assim, de Sócrates (469 a. C. – 399 a. C.) a Kant (1724 - 1804) não houve oposição entre filosofia e teologia. São mais de 2.200 anos na história da filosofia ocidental. Então, Kant foi contemporâneo do místico Swedenborg, conforme narrado anteriormente.

Já ouvi um biólogo dizer que Darwin deu um golpe mortal na Metafísica ao introduzir na ciência a noção de acaso e desmentir as causas formal e final de Aristóteles. Eu poderia fazer o julgamento moral do darwinismo e escrever sobre a influência de Darwin sobre Karl Marx, porém prefiro ater-me ao fato de que a teoria evolucionista já foi desmentida pela genética. É forçoso reconhecer, contudo, que Darwin viveu no século 19 e somente na década de 1950 foi descoberta a estrutura do DNA. O biólogo e teólogo norte-americano Jobe Martin, fazendo uso da lógica aristotélica, escreveu sobre o DNA:

> *"DNA, the basic information system of the cell, contains the blueprints needed to manufacture 2,000 or more different proteins. Each of these proteins is manufactured in little 'cellfactories' at the direction of the DNA and is essential for the maintenance of life. So, which came first? If DNA is essential in the manufacturing process of proteins, and the manufacturing process produces the proteins essential to DNA, then you can't have one without the other. This means they both must have been created fully functional and at exactly the same point in time. In other words, God must have created the information system of all cells at a point in time and fully functional. Proteins are necessary to make DNA, but DNA is needed to make proteins! DNA provides the instructions to the chemical*

factories inside the cell for making itself. Scientists call DNA the 'language of the cell.'

All scientists agree that language requires intelligence. Notice that language is information and information is non-material. Could there be an implication here that DNA, the 'language of the cell' required non-material intelligence to create it? Could it be that DNA was created fully functional in all the different kinds of life by an intelligent designer God, Who ingeniously inserted thousands and thousands of pages of unbelievably complex technical information into some microscopic strands of protein called DNA? The God of the Bible, Who is infinite in His wisdom, would have no trouble here! Evolution offers no answers to this weighty problem of the volumes of information carried by the DNA. Information requires intelligence. Evolutionary theory claims no activity of intelligence in the evolution of life forms. Yet, the God of Creation proclaims through His Holy Scriptures, 'I created, created, created!' How does a professor who is a believer in evolution on a university campus answer the following syllogism?

Language is caused by intelligence.

DNA is the language of the cell.

Therefore DNA had an intelligent cause. The professors answer with silence!"[50]

---

[50] MARTIN, Jobe. *The Evolution of a Creationist*, Biblical Discipleship Publishers, 2002, p. 193-4.
Tradução:
"O ácido desoxirribonucleico (ADN em português, ou DNA em inglês), o sistema de informação básico da célula, contém os modelos necessários para fabricar mais de duas mil proteínas diferentes. Cada uma destas proteínas é fabricada em pequenas 'fábricas de células' sob o comando do ADN, proteínas estas que são essenciais para a

Vê-se, portanto, que a lógica aristotélica deu um golpe mortal na noção de acaso introduzida por Darwin na ciência. O biólogo Jobe Martin demonstrou que o DNA possui uma causa inteligente e imaterial. Já tive a oportunidade de confrontar um biólogo evolucionista com a obra de Jobe Martin, e ele não conseguiu refutá-la. Estou convicto, portanto, de que as causas formal e final de Aristóteles mantêm-se intactas. É justamente por meio da causa final

---

conservação da vida. Mas, o que veio primeiro, o ADN ou as proteínas? Se o ADN é essencial para o processo de fabricação de proteínas, e tal produção implica proteínas essenciais para o ADN, então não se pode ter um sem o outro. Isso significa que ambos devem ter sido criados totalmente funcionais e exatamente no mesmo ponto no tempo. Em outras palavras, Deus deve ter criado o sistema de informação de todas as células em um momento no tempo e já plenamente funcionais. As proteínas são necessárias para formar o ADN, mas o ADN é necessário para a produção de proteínas! O ADN fornece as instruções para as fábricas químicas no interior da célula o produzirem. Os cientistas chamam o ADN de 'linguagem da célula'.
Todos os cientistas concordam que a linguagem requer inteligência. Observe que a linguagem é informação, e informação não é material. Poderia haver uma implicação aqui que o ADN, a 'linguagem da célula', requer inteligência não material para criá-lo? Pode ser que o ADN foi criado totalmente funcional em todos os diferentes tipos de vida por um 'desenhista' inteligente, Deus, que engenhosamente inseriu milhares e milhares de páginas de informações técnicas incrivelmente complexas em alguns fios microscópicos de proteína chamados ADN? O Deus da Bíblia, que é infinito em sua sabedoria, não teria nenhum problema aqui! A teoria evolucionária não oferece respostas para este importante problema dos volumes de informações transportados pelo ADN. Informação requer inteligência. A teoria da evolução não reivindica nenhuma atividade de inteligência na evolução das formas de vida. No entanto, o Deus da Criação proclama através de Suas Sagradas Escrituras: 'Eu criei, Eu criei, Eu criei!' Como um professor em um *campus* universitário que crê na evolução responde ao seguinte silogismo?
A linguagem é causada pela inteligência.
O ADN é a linguagem da célula.
Portanto, o ADN teve uma causa inteligente.
Os professores respondem com o silêncio!"

ou do princípio da finalidade que o filósofo grego comprovou a existência de Deus até mesmo quando examinou um fenômeno físico como a chuva. Feito esse retrospecto na história da filosofia do Ocidente e demonstrada sua origem em comum com a cultura indo-europeia, bem como expostos os erros de Descartes, Kant, Freud e Darwin, posso tratar deste romance.

Abel em Assis foi inspirado na devoção ao maior santo do segundo milênio cristão para tentar demonstrar que é possível a qualquer católico, mesmo sem o intelecto de Aristóteles e sem ter alcançado a santidade de São Francisco de Assis, fazer metafísica e contemplar os princípios supremos de Deus. O Cântico das Criaturas ou Cântico do Irmão Sol fornece a chave para conhecer e contemplar Deus na criação. São Francisco escreveu:

"Louvado sejas, meu Senhor,
Com todas as tuas criaturas,
Especialmente o senhor irmão Sol,
Que clareia o dia, e com sua luz nos alumia.
E ele é belo e radiante
Com grande esplendor:
De ti, Altíssimo, é a imagem."[51]

O santo de Assis não disse que o Sol é Cristo, mas é a imagem de Nosso Senhor. Em grego, imagem é *fantasma* e imaginação, *fantasia*. A alma nunca raciocina sem uma imagem. Ocorre que a imaginação é um meio, não um fim. Ela serve de ligação entre o mundo sensível limitado

---

[51] No original: "Laudato sie, mi' Signore, cum tucte le tue creature, spetialmente messor lo frate sole, lo qual'è iorno, et allumini noi per lui. Et ellu è bellu e radiante cum grande splendore, de te, Altissimo, porta significatione."

pela razão e a realidade suprarracional acessível somente pelo intelecto. São Francisco de Assis sabia disso, e o cântico do Irmão Sol é a prova desse conhecimento. Por ter sido um grande místico, ele sabia que a natureza vela e revela Deus. A imagem não é o Ser, mas por meio dela é possível contemplá-Lo.

O católico que deseja compreender o esoterismo de São Francisco de Assis precisa conhecer também a doutrina das cores. A túnica do santo tinha o formato de uma cruz e sua cor era inspirada na plumagem das cotovias, os pássaros preferidos de São Francisco de Assis. A plumagem das cotovias corresponde à cor do sangue coagulado, e sou obrigado a constatar que o sangue coagula quando é retirado de um ser humano. Assim, a túnica cor de sangue coagulado simboliza a morte do corpo físico, e São Francisco de Assis chamava a morte de irmã. Neste sentido, tanto Aristóteles como o grande santo italiano concordaram quanto à natureza benigna da morte.

Não posso silenciar sobre a astrologia. Esse tema é importante para compreender o misticismo de São Francisco de Assis. Embora, publicamente, não aprove a prática astrológica, a Igreja Católica omitiu a influência que os astros exercem sobre os dias da semana. No latim da cultura pagã, o domingo era *solis dies*; a segunda-feira, *lunae dies*; a terça-feira, *martis dies*; a quarta-feira, *mercurii dies*; a quinta-feira, *jovis dies*; a sexta-feira, *veneris dies* e o sábado, *saturno dies*. Já no latim da cultura cristã, os nomes foram trocados para *prima feria*, *feria secunda*, *feria tertia*, *feria quarta*, *feria quinta*, *feria sexta* e *sabbatum*.

Os católicos que desconhecem a origem da própria religião podem achar que a Igreja agiu corretamente ao trocar o nome dos dias da semana, já que os pagãos não receberam a graça de uma religião revelada. Ocorre que o *Shabat*, sábado, em hebraico, é o dia de *Shabbatai* (Saturno)[52], e o judaísmo é uma religião revelada. O *Cabalat Shabat* estabelecido por Moisés celebra justamente a união da sexta-feira com o sábado, ou seja, do dia de Vênus com o de Saturno, respectivamente, nossa Mãe[53] e nosso Pai. O calendário israelita, que era observado por Jesus Cristo, é lunissolar.[54] A morte de Cristo ocorreu um pouco antes do *Cabalat Shabat*, a hora mais sagrada da semana no judaísmo.

Portanto, é inegável que a cultura greco-romana guardava fragmentos da verdade, mas já havia entrado em decadência, haja vista os cultos a Dioniso ou Baco. Na peça *As Bacantes*, Eurípedes descreveu as sacerdotisas de Baco dançando descalças com serpentes em volta do corpo e cometendo assassinatos atrozes. No culto a Dioniso, os participantes dançavam, bebiam vinho e praticavam orgias até perder a consciência. Então, experimentavam um "êxtase" no qual achavam que se uniam a Deus. É evidente que se tratava de uma paródia do verdadeiro êxtase espiritual, pois a perda da consciência provocada pelo excesso do vinho libera o subconsciente, que é o conjunto dos prolongamentos inferiores da consciência, ou seja, era um êxtase demoníaco, uma descida ao Inferno.

Apesar do culto a Baco, entre os romanos existiam celebrações chamadas Saturnais, que eram comemoradas

---

[52] Já vi uma foto do Papa Bento XVI usando um chapéu com o formato de Saturno. Sua Santidade fez isso de propósito.

[53] Até os judeus cultuam Nossa Senhora, mas a maioria deles não sabe disso.

[54] O primeiro dia do mês coincide com a primeira Lua Nova.

no solstício de inverno. De acordo com o calendário Juliano, o solstício de inverno ocorria no dia 25 de dezembro. Depois, o calendário Gregoriano corrigiu a data para o dia 22 de dezembro. Sobre as Saturnais, cito Thomas Bulfinch:

> "Saturno era um antigo deus italiano. Tentou-se identificá-lo com o deus grego Cronos, imaginando, que, depois de destronado por Júpiter, ele teria fugido para a Itália, onde reinou durante a chamada Idade de Ouro. Em memória desse reinado benéfico, realizavam-se todos os anos, durante o inverno, as festividades denominadas saturnais. Todos os negócios públicos eram, então, suspensos, as declarações de guerra e as execuções de criminosos adiadas, os amigos trocavam presentes e os escravos adquiriam liberdades momentâneas: era-lhes oferecida uma festa, na qual eles se sentavam à mesa, servidos por seus senhores. Isso destinava-se a mostrar que, perante a natureza, todos os homens são iguais e que, no reinado de Saturno, os bens da Terra eram comuns a todos."[55]

Os Evangelhos[56] atestam que não era inverno na Judeia[57] quando Jesus nasceu. Logo, o nascimento do fundador do cristianismo não ocorreu no dia 25 de dezembro. Então, o que significa o solstício de inverno que hoje celebramos como a data do nascimento de Nosso Senhor Jesus Cristo?

---

[55] BULFINCH, Thomas. *O Livro de Ouro da Mitologia*. 11ª ed. São Paulo: Ediouro, 2000, p. 16.
[56] Lucas, 2:8.
[57] Somente em 132 d. C., como retaliação às revoltas judaicas que não cessavam mesmo após a Diáspora, o imperador Adriano mudou o nome da província para Palestina. Logo, é um erro histórico dizer que Jesus Cristo viveu na Palestina.

O solstício de inverno corresponde ao ingresso do Sol no signo de Capricórnio, assim como o solstício de verão guarda a mesma correspondência em relação ao signo de Câncer. Os dois solstícios são portas zodiacais opostas, servindo de saída do cosmos. Na tradição hindu, o *deva-yanna* (caminho dos deuses) é alcançado no solstício de inverno, ao passo que o *pitri-yanna* (caminho dos antepassados), no solstício de verão. Cada ser, após encerrada sua manifestação, sairá por uma das duas portas, a depender do grau espiritual que obtiver. Se sair pelo *deva-yanna*, não precisará mais retornar ao mundo físico. Celebra-se, assim, no solstício de inverno, a abertura da porta que leva ao caminho dos deuses, onde, segundo o culto romano, reina Saturno, justamente o planeta que rege Capricórnio.

Essa semelhança entre o culto dos romanos e o hinduísmo foi reconhecida tanto por René Guénon como por Ananda K. Coomaraswamy. Cito o segundo:

> "a cosmologia Hindu se divide em quatro eras: Krita (ou Satya) Yuga, Treta Yuga, Dvapara Yuga e Kali Yuga, que correspondem aproximadamente às Eras de Ouro, Prata, Bronze e Ferro da mitologia Greco-Romana. De acordo com a cosmologia Hindu, a humanidade está situada atualmente na Kali Yuga, a 'idade sombria da discórdia'".[58]

Feito o paralelo entre essas duas culturas, é necessário ressaltar que René Guénon[59] observou um caráter satânico nas Saturnais, no sentido de que se tratava de uma inversão das relações hierárquicas, já que essa encenação

---

[58] COOMARASWAMY, Ananda. *The Essencial Ananda K. Coomaraswamy*. World Wisdom, 2004, p. 294, em inglês.
[59] GUÉNON, René. *Símbolos Fundamentais da Ciência Sagrada*, São Paulo: Editora IRGET, 2011, p. 149.

da Idade de Ouro entre os romanos contrariava a presente Idade de Ferro, em que a igualdade desapareceu em razão da iniquidade dos homens. Assim, esse falso e momentâneo retorno à Idade de Ouro não deixava de ser uma revolta contra a vontade de Deus.

O fato de acreditar em Jesus Cristo não me impede de reconhecer que houve outras manifestações do Logos. O próprio Velho Testamento atesta outra manifestação desse Ser. Trata-se de Melquisedeque,[60] rei de Salém e sacerdote do Deus Altíssimo que abençoou o patriarca Abraão. Por isso, o profeta e rei Davi foi ungido sacerdote segundo a ordem de Melquisedeque (Salmo 109), e a cidade de Jerusalém se tornou a morada do rei de Salém.[61]

Na cultura etrusca houve também uma manifestação do Logos. Poderia ainda descrever essa intervenção divina em outras culturas, mas vou me restringir aos etruscos. Nessa cultura, houve um rei chamado Jano cujo paralelo com Cristo é inegável, tendo seu culto sido transmitido aos romanos. Não por acaso, o mês de janeiro foi consagrado a Jano. Ele era retratado como uma figura bifronte, com um rosto masculino e outro feminino. Segundo René Guénon, trata-se do Jano andrógino ou Janos-Jana. Essa dualidade masculina e feminina simboliza o Sol e a Lua. Outra interpretação possível dessa dualidade é a do passado e do futuro. Eis o que Guénon deixou registrado sobre Jano:

> *"do ponto de vista em que o simbolismo de Jano está relacionado ao tempo, cabe fazer uma observação muito*

---

[60] Epístola aos Hebreus, 7:1-22.
[61] Os perenialistas sabem da semelhança entre Salém e Shambala. Etimologicamente, os dois nomes significam "paz".

> *importante: entre o passado que não é mais e o futuro que ainda não é, o verdadeiro rosto de Jano, aquele que olha o presente, não é, segundo se diz, nenhum daqueles que podemos ver. Esse terceiro rosto, com efeito, é invisível porque o presente, na manifestação temporal, é somente um instante imperceptível. Mas quando nos colocamos acima das condições dessa manifestação transitória e contingente, o presente contém, ao contrário, toda realidade. (...) É também por essa razão que algumas línguas, como o hebreu e o árabe, não têm forma verbal correspondente ao presente."*[62]

Assim, não é possível negar que Jano representa o "Senhor do tríplice tempo", pois possui três faces. Como está acima do tempo, Jano não está submetido a ele, pois é o Senhor das duas portas solsticiais. A alma que deseja alcançar a libertação precisa passar por Jano e sair pela porta que Ele guarda. Por isso, em Roma, era celebrada pelo *Collegia Fabrorum* a festa de Jano nos dois solstícios. Pode-se compreender, portanto, que as chaves de Jano são as mesmas que, na tradição cristã, abrem e fecham o Reino dos Céus, cuja porta de entrada é necessariamente a ascendente, ou seja, o *deva-yanna* (o caminho dos deuses). Jano é, portanto, o Porteiro Celestial. Assim, não constitui uma heresia celebrar o Natal no solstício de inverno, quando se compreende o seu verdadeiro significado e quando essa celebração não viola a hierarquia estabelecida por Deus para a presente época.

Ditas essas coisas, penso que não seja possível negar que o retorno de Cristo ocorrerá num solstício[63]. Ele disse

---

[62] Guénon, René. Op. cit., p. 130.
[63] Estou convicto de que a *Apocatastasis* ocorrerá num solstício de inverno (identificado com o início do signo de Capricórnio), pois se trata da

que somente o Pai sabe o dia e a hora do Seu Advento. Sendo assim, a princípio, não é possível calcular em qual solstício ocorrerá o Advento, porém Cristo tem de passar por uma das portas solsticiais, e as duas portas que ligam o Céu à Terra são abertas nos solstícios de verão e de inverno. "*Vigia, pois, porque não sabeis nem o dia nem a hora*"[64].

Após ter estabelecido um paralelo entre Jano e Cristo, é preciso fazer uma digressão e falar sobre a obra mais importante de Frithjof Schuon: *A Unidade Transcendente das Religiões*. Nesse clássico da *sophia perennis*,

---

Jerusalém Celeste ou, em outra linguagem, do retorno coletivo à Idade de Ouro, em que Saturno é o Rei. No entanto, esse é um evento distante e previsto para acontecer após o Juízo Final (Apocalipse, 21:1-2). Já o Segundo Advento, que consiste na Libertação dos salvos que ainda estiverem na Terra e no dia da Ira de Yahveh, deve ocorrer num solstício de verão (identificado com o início do signo de Câncer), pois Cristo possui uma natureza solar, tendo sido retratado no Livro do Apocalipse por meio de um signo que simboliza o Sol. Justamente por isso Ele descerá num momento de escuridão. Câncer simboliza o fundo das águas e possui nítido simbolismo maligno. Lembro, entretanto, que o solstício de verão ocorre em datas diferentes nos Hemisférios Norte e Sul. Além disso, na Linha do Equador não é possível afirmar se um solstício é de verão ou inverno. Logo, Cristo dispõe de duas datas no ano para decidir quando regressará. Recordo ainda que Ele prometeu abreviar os dias da Tribulação (Mateus, 24:22).

[64] Preciso dizer ainda que não existe base bíblica para que alguém afirme que a Igreja não passará por nenhum período da Tribulação. Tal crença não existe no catolicismo e foi trazida para o Brasil por pastores protestantes norte-americanos. Muitos protestantes acreditam que a passagem bíblica de Mateus, 24 só se refere aos judeus. A perseguição aos cristãos já é uma realidade em vários países, e não um evento futuro. "*Matar-vos-ão e sereis **por minha causa** objeto de ódio para todas as nações*" (Mateus, 24:9) se refere a quem acredita em Jesus Cristo e, que eu saiba, os judeus, salvo uma minoria, ainda não se converteram. O que está escrito nos Evangelhos é que os cristãos serão ungidos pelo Espírito Santo durante a Tribulação e receberão sabedoria (Marcos, 13:11 e Lucas, 21:14). Os salvos somente serão poupados da Ira de Iahveh, que corresponde às Sete Taças de Cólera descritas em Apocalipse, 15.

publicado originalmente na França, em 1948, Schuon escreveu que o islã, por ser a última religião revelada, guardava certa superioridade contingente sobre as formas que a antecederam.[65] Discordo dessa afirmação, expondo

---

[65] "Muçulmanos particularmente devotos da Virgem chegam a fazer peregrinações aos santuários marianos da Europa, especialmente a Fátima, que leva o nome da filha do Profeta e que já foi um local de Dar el-Islam (Portugal esteve sob domínio mouro por alguns séculos, até a Idade Média). Éfeso, no sudoeste da Turquia, é outro foco mariano de peregrinação para os muçulmanos; diz a tradição que, após a crucifixão, Maria partiu de Jerusalém para lá, onde se estabeleceu. Foi a partir de sua morada em Éfeso – na verdade numa localidade próxima, chamada Kusadasi – que se deu a Assunção. Há nessa casa de Maria uma fonte de água milagrosa, utilizada e reverenciada, simultaneamente, por cristãos e muçulmanos. Trata-se, na verdade, de algo único no mundo, um ponto de peregrinação para adeptos de duas religiões distintas e independentes. Na antiga casa da Virgem em Éfeso, há espaços de oração tanto para muçulmanos como para cristãos." (AZEVEDO, Mateus Soares, op. cit., p. 63-4) Em minha opinião, a veneração à Virgem Maria por parte dos muçulmanos é mais um argumento contrário à afirmação de Schuon sobre a superioridade contingente do islã. Lembro ainda que Frithjof Schuon batizou sua tariqa com o nome de Maryamiyya e compôs poema para Nossa Senhora:

> MARY
> "The Virgin's majesty, the Scriptures pass over in silence;
> They seek only to praise the greatness of her Son.
> Mary said: "They have no wine"
> Thus spoke the Holy Ghost, a ray from Above
>
> The Spirit, it is said, entered her body;
> They became One. And it is wonderful:
> Mary is the Mother of the whole Universe
> The divine Ray, which was in the beginning.
>
> Vacare Deo: she is luminous and pure,
> And then filled with God's Presence.
> In her, the perfection of snow
> Unites with sunlike bliss.
>
> The Holy Virgin is remembrance of God;

meus argumentos. São três as religiões de origem semita: judaísmo, cristianismo e islã. Não é descabido, portanto, dizer que esses ramos da mesma árvore representam os três rostos de Jano. No entanto, o rosto do meio, o invisível, é o que guarda toda a realidade e o que possui o sentido de eternidade. Nas religiões semitas, este rosto é Cristo. Em linguagem Taoísta, judaísmo e islã são respectivamente Yang[66] e Yin[67] e o cristianismo, o Tai Ji.[68]

Como se não bastasse, no islã há um *hadith* ensinando que o Sol nascerá no Ocidente. Por isso creio que nenhum sufi possa negar que o Logos[69] reaparecerá no

---

Therefore the angels says: "Hail, full of grace."
The Name of God, which fills our hearts with joy:
This the wine she wanted to bestow;

And not her words alone, which you know-
But also her beauty's radiant sacrament.

[66] A correspondência entre o judaísmo e Yang é inegável. O Mashiach Ben Davi foi descrito como o Leão da Tribo de Judá. O Leão e Yang são símbolos solares.

[67] A comparação do Islã com Yin é pertinente, pois eles têm a Lua como símbolo. Além disso, o alfabeto árabe possui 28 letras, que correspondem a um ciclo mensal da Lua.

[68] Tai Ji é o Jano andrógino que contém o Sol e a Lua. O Tai Ji permanece oculto, e somente Yang e Yin são visíveis no mundo físico. Por isso, a superioridade da Revelação Cristã. Seu fundador é anterior à divisão entre o dia e a noite, entre o Sol e a Lua.

[69] De acordo com o que pesquisei, existem divergências de doutrina quanto ao retorno de Jesus entre sunitas e xiitas, mas não quanto ao *hadith* em questão. Para o islã, é inquestionável que o Sol nascerá no Ocidente e por isso posso concluir que Cristo voltará primeiro para os cristãos. O Ocidente foi destinado para o cristianismo. Ressalvo que é possível outra interpretação para esse *hadith*. Em *O Reino da Quantidade e Os Sinais dos Tempos*, Guénon citou a profecia católica sobre o Grande Monarca, o qual guarda semelhança com o Mahdi do islã. O Grande Monarca ou *Mahdi* não será uma manifestação do Logos, mas sem dúvida um enviado de Deus. É possível ainda estabelecer um elo entre o Grande Monarca, o triunfo do Imaculado Coração da Virgem

Ocidente. E, claro, posso mencionar ainda o simbolismo da cruz para atestar que a religião católica, por ter sido revelada pelo Logos, o rosto oculto de Jano, guarda uma superioridade contingente sobre as outras tradições (ver nota de rodapé 80).

"Católico" deriva do grego *kata holos*, ou seja, é aquele que age segundo o Todo. Em seu próprio nome, a Igreja Católica carrega uma promessa de síntese para todas as religiões. Assim, quando essa síntese ocorrer, não haverá mais sectarismos.

Depois de ter constatado a superioridade da Igreja Católica sobre as outras tradições, tenho de reconhecer que **somente o sucessor de São Pedro tem autoridade espiritual para guardar a chave da Igreja e para entregá-la à próxima manifestação do Logos, o Porteiro Celestial**. Enquanto houver um sucessor de São Pedro na Terra, o dia da Ira de Yahveh será adiado.

Assim, é um erro ver o Papa como inimigo dos muçulmanos e de outras tradições, assim como é equivocado afirmar que a salvação somente é possível por meio de Jesus Cristo. "*Não vim chamar os justos, mas os pecadores*".[70] Logo, o próprio Cristo deixou expressa a possibilidade de salvação fora da Igreja. Os católicos que se julgam fiscais da ortodoxia podem gritar à vontade contra a validade das outras tradições. Pouca gente dá importância a eles hoje em dia.

Apesar de todos os males que se abateram sobre o Vaticano nos últimos 50 anos, preciso deixar registrado que o Papa emérito Bento XVI liberou a missa tridentina com o *Motu Proprio Summorum Pontificum*, bem como desmentiu, em 13 de maio de 2010, a interpretação oficial

---

Maria e a conversão da Rússia, conforme profecia de Nossa Senhora em Fátima.
[70] Marcos, 2:17.

do Vaticano, feita por ele quando era Prefeito da Congregação para a Doutrina da Fé, sobre o Terceiro Segredo de Fátima. Hoje está claro que o atentado ao Papa João Paulo II foi previsto na profecia de Nossa Senhora em La Salette, e não em Fátima.[71]

Não obstante minha admiração pelo Papa emérito Bento XVI, preciso dizer algumas palavras sobre o Concílio Vaticano II e o Terceiro Segredo de Fátima. Cito o corajoso padre Paul Kramer[72]:

> *"Um Concílio é convocado e a Mensagem de Fátima começa a ser atacada.*
> *E aconteceu tal como D. Lambert vaticinou. Roncalli foi eleito, tomou o nome de João XXIII, convocou um Concílio e consagrou o ecumenismo. A 'revolução de tiara e capa', prevista pela Alta Vendita, estava em marcha. Um dos primeiros atos da revolução foi pôr de lado o Terceiro Segredo de Fátima. Contrariando as expectativas do mundo inteiro, a 8 de fevereiro de 1960 (pouco mais de um ano após a convocação do Concílio), o Vaticano divulgava a seguinte notícia anônima, através da agência noticiosa A.N.I.:*
> *Cidade do Vaticano, 8 de fevereiro de 1960 (A.N.I.) – «Acaba de ser declarado em círculos altamente fidedignos do Vaticano que é muito possível que nunca venha a ser aberta a carta em que a Irmã Lúcia escreveu as palavras que Nossa Senhora confiou aos três*

---

[71] *"O Santo Padre sofrerá muito. Eu estarei com ele até o fim, para receber o seu sacrifício. Os maus atentarão várias vezes contra a sua vida, sem poder abreviar seus dias, mas nem ele nem seu sucessor ... verão o triunfo da Igreja de Deus."* Entre os estudiosos das aparições marianas, como o escritor italiano Antonio Socci, autor de *Il Quarto Segreto di Fatima*, os dois Papas citados pela Virgem Maria em La Salette são, respectivamente, João Paulo II e Bento XVI.

[72] KRAMER, Paul. *O Derradeiro Combate ao Demônio*, 2003. p. 47-72.

pastorinhos, como segredo, na Cova da Iria (...) É muito provável que o 'Segredo de Fátima' fique para sempre sob absoluto sigilo.»

E encontramos, na mesma comunicação, o primeiro ataque direto de fontes do Vaticano à credibilidade da Mensagem de Fátima, no seu todo:

Embora a Igreja reconheça as aparições de Fátima, Ela não se compromete a Si própria garantindo a veracidade das palavras que os três pastorinhos dizem ter ouvido de Nossa Senhora.

Dizem ter ouvido? Poderia haver alguma dúvida sobre a veracidade do seu testemunho, depois do Milagre do Sol? Poderia alguém questionar terem eles recebido do Céu uma profecia autêntica, sabendo-se que, até então, se tinham cumprido todas as predições da Mensagem – desde o fim iminente da I Guerra Mundial até ao fato de se espalharem os erros da Rússia, desde a II Guerra Mundial até a eleição do Papa Pio XI?

Este primeiro ataque declarado contra a Mensagem de Fátima vindo do interior do aparelho de Estado do Vaticano surge em 1960, à medida que o Vaticano começa a seguir uma nova orientação da Igreja, que (como veremos em seguida) desabrochará com o Concílio Vaticano II. Consideremos estes fatos, relacionando-os com o comunicado de 8 de fevereiro de 1960:

- *O comunicado põe em causa publicamente a credibilidade de Lúcia, Jacinta e Francisco.*
- *A partir de 1960, a Irmã Lúcia foi silenciada por ordem do aparelho de Estado do Vaticano, para que não pudesse defender-se da acusação implícita de que o seu testemunho não era de confiança.*
- *Os documentos do arquivo oficial de Fátima, que o Padre Alonso iria compilar entre 1965 e 1976 (mais de 5.000 documentos, em 24 volumes), serão impedidos de ser publicados – embora tais documentos confirmem que as profecias de Fátima,*

nas duas primeiras partes do Segredo (a eleição do Papa Pio XI, o desencadear da II Guerra Mundial, a expansão do Comunismo pelo mundo etc.), tinham sido reveladas em privado pela Irmã Lúcia muito antes de se terem cumprido, e que o seu testemunho era completamente correto e fiável.

O crime tinha começado. E agora o motivo para o crime – o desejo de mudar a orientação da Igreja, afastando-A das certezas católicas da Mensagem de Fátima e aproximando-A de uma 'iluminada' acomodação da Igreja ao mundo – começaria resolutamente com o início do Concílio Vaticano II em 11 de outubro de 1962. Recordamos mais uma vez as palavras da Irmã Lúcia: que Nossa Senhora desejava que o Terceiro Segredo fosse revelado em 1960, porque seria então 'mais claro'. Agora tornar-se-ia, realmente, muito claro.

Os 'erros da Rússia' infiltram-se na Igreja

Primeiro, e ainda antes da abertura do Concílio, houve mais uma traição à Mensagem de Fátima – sinal de muitas coisas sem precedentes que iriam acontecer. Na primavera de 1962, em Metz, França, o Cardeal Eugène Tisserant encontrou-se, nada mais nada menos, com o Metropolita Nikodim, da Igreja Ortodoxa Russa – um agente do KGB, tal como o eram os outros prelados ortodoxos. Nesse encontro, Tisserant e Nikodim negociaram o que viria a ser conhecido como o Pacto de Metz, ou, mais popularmente, o Acordo Vaticano-Moscovo. A existência deste acordo Vaticano-Moscovo é um fato histórico irrefutável, atestado em todos os seus pormenores por Monsenhor Roche, secretário particular do Cardeal Tisserant.

O acordo era substancialmente o seguinte: o Papa João XXIII, de acordo com o seu ardente desejo, seria 'favorecido' com a presença de dois observadores ortodoxos russos no Concílio; em troca, a Igreja Católica concordava que o Concílio Vaticano II não condenaria o

Comunismo soviético nem a Rússia soviética. Significava isto, em essência, que o Concílio iria comprometer a liberdade moral da Igreja Católica ao fingir que aquela forma mais sistemática do Mal humano na História da Humanidade (o Comunismo) não existia – apesar de, na mesma altura em que o Concílio iniciava os seus trabalhos, os Soviéticos perseguirem, prenderem e assassinarem milhões de Católicos.

Restringida assim a liberdade da Igreja num acordo com os Comunistas, o Concílio não fez a menor menção ao Comunismo. Com tal procedimento, o Concílio afastou-se dos ensinamentos do Papa Leão XIII, do Bem-Aventurado Pio IX, de S. Pio X e ainda do Papa Pio XI, que recordaram à Igreja que não podia deixar de se condenar este Mal incomparável, como este último escreveu na *Divini Redemptoris*:

'Perigo tão ameaçador, vós já o compreendestes, Veneráveis Irmãos, é o comunismo bolchevista e ateu, que visa subverter a ordem social e abalar os próprios fundamentos da civilização cristã. Diante de tal ameaça, não podia a Igreja Católica silenciar, e não silenciou. Não silenciou principalmente esta Sé Apostólica, que tem consciência de ser missão sua especialíssima a defesa da verdade e da justiça e de todos os bens eternos que o comunismo menospreza e combate'.

E, contudo, o Concílio não diria uma única palavra sobre o Comunismo soviético; pelo contrário, começaria a época do 'diálogo' com as mesmas forças às quais a Igreja anteriormente se tinha oposto.

Porque é que isto aconteceu? Certamente não foi por 'coincidência' que o silêncio do Concílio sobre o Comunismo se sincronizou perfeitamente com a infiltração comunista da Igreja Católica – que, como vimos num capítulo anterior, fora revelada pouco antes do Concílio Vaticano II por testemunhas-chave que não tinham motivo algum para mentir (Dodd, Hyde, Golitsyn, Mitrokhin e outros). Mesmo sem estes testemunhos, o nosso senso comum dir-nos-ia que era inevitável que as forças do Comunismo (atuando ao lado das da Maçonaria) tentassem destruir a Igreja Católica a partir do Seu interior. Satanás é suficientemente inteligente para saber que a Igreja Católica é, por excelência, a Cidadela que ele deve tomar de assalto no seu esforço de conquistar todo o mundo para o reino das trevas.

Era esta, pois, a situação da Igreja no preciso momento em que o Concílio Vaticano II foi erradamente forçado a observar um silêncio vergonhoso quanto ao Mal do Comunismo. E escusado será dizer que, sob esse Acordo Vaticano-Moscovo, a Consagração da Rússia soviética ao Imaculado Coração de Maria pelos Padres conciliares, como meio de alcançar a sua conversão, estava absolutamente fora de questão. Ora este início de viragem para uma nova orientação da Igreja – que o Concílio iria acelerar de forma muito dramática – estava já em conflito com a Mensagem de Fátima.

E assim tem continuado a ser desde o encontro de Metz, que aumentou a procura da Ostpolitik, a política implementada pelo Secretário de Estado do Vaticano, sob a qual a Igreja cessou toda e qualquer condenação e oposição aos regimes comunistas, substituindo-as por 'diálogo' e 'diplomacia serena' – uma política que até hoje tem silenciado o Vaticano sobre a violenta perseguição da Igreja na China comunista.

Assim, em 12 de outubro de 1962, dois Padres representantes da Igreja Ortodoxa desembarcaram de um avião no Aeroporto de Fiumicino para estarem presentes no Concílio Vaticano II. E o Concílio começou, tendo observadores ortodoxos a seguir as várias sessões, certificando-se de que o Acordo Vaticano-Moscovo estava a ser cumprido. A intervenção escrita de 450 Padres Conciliares contra o Comunismo 'perdeu-se' misteriosamente, depois de ter sido entregue ao Secretariado do Concílio, e os Padres Conciliares que se ergueram para

denunciar o Comunismo foram delicadamente aconselhados a permanecerem sentados e calados.
(...)

Maçons e Comunistas exultam
Juntamente com os neomodernistas, tanto Maçons como Comunistas exultaram com o resultado do Concílio. Tal como os autores da The Permanent Instruction of the Alta Vendita tinham desejado, tal como os infiltrados comunistas a que Bella Dodd se referiu tinham desejado, as noções da cultura liberal tinham finalmente ganho apoiantes ao mais alto nível da Hierarquia Católica. Maçons e Comunistas celebraram a espantosa reviravolta trazida pelo Concílio. Alegram-se ao ver que, finalmente, os Católicos "viram a luz", pois que muitos dos seus princípios maçônicos foram aceitos pela Igreja.
Por exemplo, Yves Marsaudon, do Rito Escocês, no seu livro Ecumenism Viewed by a Traditional Freemason, louvou o ecumenismo nascido do Concílio Vaticano II. Escrevia ele:
"Os Católicos (...) não devem esquecer que todos os caminhos levam a Deus. E vão ter de aceitar que esta corajosa ideia do livre pensamento, a que podemos realmente chamar uma revolução, difundida através das nossas lojas maçônicas, se espalhou de forma magnífica por sobre a cúpula de S. Pedro".
Yves Marsaudon deleitava-se ao acrescentar que «Pode-se dizer que o ecumenismo é o filho legítimo da Maçonaria». O espírito de dúvida e de revolução característico do Post-Vaticano II alegrou, obviamente, o coração do maçom francês Jacques Mitterand, que escreveu com aprovação:
'Alguma coisa mudou dentro da Igreja, e as respostas dadas pelo Papa às questões mais urgentes, como o celibato dos Padres e o controlo da natalidade, são debatidas vigorosamente no seio da própria Igreja; a palavra do Sumo Pontífice é questionada pelos Bispos, pelos Pa-

dres, pelos fiéis. Para um maçon, um homem que questiona o dogma já é um maçon sem avental.'

O francês Marcel Prelot, Senador pela Região de Doubs, é provavelmente o mais exato ao descrever o que realmente aconteceu. Escreveu ele:

'Lutámos durante século e meio para fazer vingar as nossas opiniões dentro da Igreja e não o conseguimos. Finalmente, chegou o Vaticano II e nós triunfamos. A partir daí, as proposições e os princípios do Catolicismo liberal foram definitiva e oficialmente aceites pela Santa Igreja.'

Os Comunistas ficaram igualmente deliciados com os resultados do Concílio. Como declarou o Partido Comunista Italiano no seu 11º Congresso, em 1964: «O extraordinário 'despertar' do Concílio, que pode comparar-se com exactidão aos Estados Gerais de 1789, mostrou a todo o mundo que a velha Bastilha político-religiosa foi abalada até aos alicerces». L'Unità, jornal oficial do Partido Comunista Italiano, teve o descaramento de, a respeito do Arcebispo Marcel Lefebvre – que chefiava a oposição tradicionalista contra os liberais conciliares e tinha proposto que o Concílio condenasse o Comunismo –, aconselhar o Papa Paulo VI: «Tende consciência do perigo que Lefebvre representa. E continuai o magnífico movimento de aproximação começado com o ecumenismo do Vaticano II»."

Nada tenho a acrescentar à obra do padre Paul Kramer, que descreveu de forma impecável como a maçonaria e o comunismo se infiltraram dentro do Vaticano. Assim, não foi nada exagerada a comparação feita pelo Partido Comunista Italiano entre a Queda da Bastilha[73]

---

[73] Existe vasta bibliografia sobre como a maçonaria fomentou a Revolução Francesa. O leitor que quiser se aprofundar sobre este tema, pode consultar *Secrets Societies and Subversive Movements*, da historiadora inglesa Nesta Webster, que era lida e admirada por Winston Churchill, *The Jews, The Masons and The French Revolution*, de cristão ortodoxo Vladimir Moss e o clássico *La Femme et l'enfant dans la franc-maçonnerie universelle. D'après des documents officiels de la secte (1730-*

e o Concílio Vaticano II. Diante desse cenário, o castigo sobre Roma é apenas uma questão de tempo, e estou convicto de que a renúncia mal explicada do Papa Bento XVI está diretamente ligada ao Terceiro Segredo de Fátima, o qual Sua Santidade conhece a íntegra.

Apesar de reconhecer a autoridade espiritual do sucessor de São Pedro, obrigo-me a lembrar da profecia de São Francisco de Assis citada em uma das epígrafes deste livro. O *poverino* profetizou o advento de um falso Papa e um cisma na Igreja Católica, uma vez que muitos católicos preferirão ser chamados de cismáticos a obedecer ao impostor que ocupará a cadeira de São Pedro.

O sucessor do Papa Bento XVI adotou justamente o nome de Francisco, em homenagem ao santo que profetizou a chegada de um falso Papa que tentará enganar os católicos. Para que haja um cisma, é necessário que haja dois Papas. Não sei quando a profecia de São Francisco de Assis se realizará, mas hoje a Igreja Católica tem dois Papas. Assim, atualmente existem condições objetivas para que ocorra um cisma. O tempo dirá se iremos presenciar o cumprimento da profecia franciscana.

Deixo registrado, ainda, que tenho grande admiração pelo cardeal Angelo Scola, arcebispo de Milão, que criou o Instituto Oasis para que cristãos e muçulmanos mantenham conhecimento recíproco e ajuda mútua. Ele foi aluno do Papa Bento XVI. O cardeal Scola sabe que hoje católicos e muçulmanos têm o mesmo inimigo.

1893), do historiador francês Abel Clarin de La Rive, que era amigo de René Guénon. Clarin de La Rive e Guénon escreveram contra a maçonaria no semanário *La France antimaçonnique*. É uma questão de justiça com a biografia de René Guénon deixar registrado que ele lutou até o fim da vida para que a maçonaria voltasse a ser cristã. Infelizmente, Guénon perdeu essa batalha.

Sobre esse inimigo em comum, faço questão de citar o metafísico Charles Upton:

> "According to one of many possible scenarios, the satanic forces operating at the end of Aeon would be quite capable of establishing a One World Government only to set the stage for the emergence of Antichrist as the great leader of a world revolution against this government, which, if it triumphed, would be the real One World Government. Or the martyrdom of Antichrist at the hands of such a government might be a deliberate or even staged self-sacrifice, counterfeiting the death of Christ and leading to a counterfeit resurrection".[74]

Sim, o inimigo é o Anticristo[75] ou Ad Dajjal, como é chamado pelos muçulmanos. As portas do Inferno não prevalecerão contra a Igreja,[76] mas os muçulmanos também são filhos espirituais de Abraão, e os que rejeitarem o Anticristo (Ad Dajjal) merecerão a libertação tanto quanto os católicos. O pseudomessianismo da Nova Ordem

---

[74] Charles Upton. *The System of Antichrist: Truth & Falsehood in Postmodernism and the New Age*. Sophia Perennis, 2001, p. 506-7. Tradução: "De acordo com um dos muitos cenários possíveis, as forças satânicas operantes ao final do Éon seriam perfeitamente capazes de estabelecer um Governo Mundial apenas para definir o cenário para o surgimento do Anticristo como o grande líder de uma revolução mundial contra este mesmo governo, que, se triunfante, constituiria o verdadeiro governo mundial. Ou o martírio do Anticristo nas mãos de tal governo poderia representar um autossacrifício deliberado ou mesmo encenado, como contrafação da morte do Cristo e levando a uma falsa ressurreição."

[75] René Guénon, em *O Reino da Quantidade e Os Sinais dos Tempos*, ensinou que o Anticristo será uma paródia de Jesus Cristo, e em tudo tentará imitá-lo. Logo, é provável que ele tenha nascido num solstício de verão, ostente um Leão como símbolo, seja precedido por um falso profeta que imite São João Batista (o antipapa profetizado por São Francisco de Assis se ajusta perfeitamente a esse papel) e, como especula Charles Upton, encene uma ressurreição.

[76] Mateus, 16:18.

Mundial será uma provação que os católicos e todos os seguidores de tradições verdadeiras terão de passar.

Após essa provação virá a libertação. Os hindus aguardam o Kalki Avatara, os budistas, o Bodhisattva e os taoístas sabem que o Rei de Jade pode se manifestar no mundo físico a qualquer momento. E, claro, os perenialistas sabem que todos esses diferentes nomes designam Cristo, o Logos,[77] o Primogênito das criaturas.[78]

Não existe nenhuma base bíblica para que um cristão fale que o Anticristo será um muçulmano e já ouvi essa afirmação de protestantes e neopentecostais. São João Damasceno, que foi reconhecido como doutor da Igreja pela Santa Sé, ensinou que o Anticristo será recebido como rei em Israel. Logo, ele terá de provar para os judeus que tem o sangue do Rei Davi. Além disso, Nossa Senhora de La Salette, numa aparição reconhecida oficialmente pelo Vaticano, disse que o Anticristo iria nascer de uma hebreia.[79]

Triste destino que Deus reservou para Israel. O povo hebreu saiu do Egito, após 400 anos de escravidão, levando o segredo da esfinge, porém foi incapaz de

---

[77] Embora todas as tradições aguardem uma nova manifestação do Logos, somente as religiões semitas contêm profecias de que Ele será um filho de Abraão.

[78] Epístola aos Colossenses, 1:15.

[79] Nossa Senhora disse a palavra hebreia, e não judia. Nos dias de hoje, nem todo judeu é hebreu, assim como nem todo hebreu é judeu. O povo hebreu é de origem semita, e não indo-europeia. No entanto, após a morte do rei Salomão, os hebreus se dividiram em dois reinos: o da Judeia, formado pela tribo de Judá, que seguiu a Roboão, filho de Salomão e neto de Davi; e o de Israel, que compreendeu as dez tribos restantes, que seguiram o general Jeroboão: "*Deste modo se revoltaram estas tribos israelitas contra a dinastia de Davi, até o dia de hoje.*"(1 Reis 12). Essas dez tribos desapareceram por completo do relato bíblico após terem sido conquistadas pelos Assírios no século 8 a. C. Assim, a princípio, não é possível saber em que religião nasceu o Anticristo. Ele certamente tem sangue hebreu, mas pode ter a aparência de um indo-europeu e se declarar cristão. O que importa para os judeus é a genealogia do Messias.

reconhecer o simbolismo da cruz[80]. Assim, será o último povo a ser libertado e ainda dará a coroa de Davi ao Anticristo.

Nenhum católico deveria ser antissemita. Jesus Cristo aboliu a aliança de Moisés, mas manteve a de Abraão. Além disso, São Paulo profetizou na Epístola aos Romanos[81] a conversão dos judeus, e o Livro do Apocalipse atesta que Cristo irá retornar à Terra como descendente do rei Davi. Sim, a danação e a Redenção pertencem a Israel[82]. No entanto, nenhum católico deveria ser sionista. O sionismo[83] é uma revolta contra Deus e equivale atualmente ao

---

[80] Sobre esse tema, sugiro consultar *O Simbolismo da Cruz*, de René Guénon. Mas adianto que as extremidades da cruz simbolizam os quatro cantos da Terra, que são guardados por quatro arcanjos. As linhas vertical e horizontal se cruzam no meio da cruz. Esse ponto central simboliza o centro da roda cósmica e guarda correspondência com Salém (ou Shambala) e com o Sol, o coração do mundo. Somente Cristo, que governa o Céu e a Terra, pode fazer a roda cósmica girar para que a Jerusalém Celeste desça do Céu.

[81] Romanos, 11: 25-28.

[82] Tenho de lembrar que o significado do nome Israel é terrível. Israel pode ser traduzido como "aquele que luta com Deus". Só existe um povo na Terra capaz de desafiar Deus, e ele carrega essa sina no próprio nome.

[83] Oficialmente, o sionismo surgiu com o livro *O Estado Judeu*, do jornalista húngaro Theodor Herzl (1860-1904). Herzl propôs um estado laico que "realize o socialismo". Logo, é inquestionável que o sionismo é antijudaico. Há judeus antissionistas que rejeitam o estado secular de Israel e consideram o sionismo uma revolta contra o desígnio de Deus, já que compreendem a Diáspora como um castigo divino. Cito como exemplos o rabino hassídico Joel Teitelbaum (1887-1979) que era antissionista, bem como o grupo judaico Neturei Karta, que defende o fim do estado de Israel tal como existe hoje. Acrescento que os palestinos são semitas, pois descendem da tribo de Edom, que era filho de Esaú. Logo, o sionismo é indiscutivelmente antissemita, já que deixou sem terra um povo de origem hebreia que a habitava há séculos. Por isso, desconfiem de jornalistas "católicos" que defendem o sionismo. Duvido que essa defesa seja gratuita. O mínimo que um católico precisa para não ser um idiota é ser prudente como serpente e não se deixar enganar por um lobo em pele de cordeiro. Defender o sionismo pode render um green card para um jornalista que precisa fugir do Brasil ou algo bem mais sonante.

pecado do Bezerro de Ouro. Mas o homem põe e Deus dispõe. O Livro de Jó ensina que até Satanás trabalha para Deus. Os sionistas só estão fazendo o que o Altíssimo permitiu, porém isso não os exime de responder pelos próprios atos no Juízo Final.

Esta introdução seria incompleta se não abordasse a ação da maçonaria no Brasil, pois o que começou com a Revolução Francesa, prosseguiu com as Guerras Napoleônicas[84], em que monarcas católicos foram substituídos por plebeus maçons, e resultou na expulsão do Imperador D. Pedro II do nosso País e a instituição da República. Infelizmente, essa é uma parte da História do Brasil que muitos católicos desconhecem. Vou fazer uso da obra de Rizzardo da Camino[85], um historiador maçom. Camino, em seu livro, cita textualmente a Encíclica Sobre a Maçonaria no Brasil, do Papa Pio IX, na qual Sua Santidade deixou expresso que *"bem sei que absolutamente não diferem os (maçons da América) dos que aqui existem e que têm as mesmas tendências, as mesmas regras, o mesmo objetivo e, assim como estão condenados os maçons da Europa, não resta dúvida de que incidem os maçons da América na mesma condenação."*[86]

Muitos católicos ignoram que o Papa Pio IX chegou a ser prisioneiro da maçonaria após o fim dos Estados Papais e a proclamação temporária da República Romana em 1870. Assim, ele conheceu de perto a fúria dos maçons contra a Igreja de Cristo.

---

[84] O historiador maçom Christopher Hodapp admitiu que os quatros irmãos de Napoleão eram maçons - dos quais três foram coroados reis, acrescentou que a Imperatriz Josefina foi admitida numa loja maçônica feminina em 1804, mas teve a desfaçatez de escrever que não havia provas de que Napoleão era maçom. Seus irmãos e sua mulher eram maçons, menos o ladrão francês. (HODAPP, Christopher, *Freemasons for Dummies*, Indianapolis: Wiley, 2005, p. 42)

[85] CAMINO, Rizzardo, *Introdução à Maçonaria*, São Paulo: Madras, 2005.,

[86] Ibidem, p. 73.

A derrubada da monarquia brasileira foi um processo forjado dentro das Lojas Maçônicas. A Revolução de Pernambuco (1817), a Confederação do Equador (1832) e a Guerra dos Farrapos (1835-1845) foram movimentos orquestrados por maçons. Em relação a este último, Camino[87] revela que o principal mentor foi o Conde Tito Zambeccari, um maçom natural da Bolonha. Como se vê, o Papa Pio IX estava coberto de razão ao igualar os maçons da América aos europeus.

Em 1870, o maçom Quintino Bocaiuva fundou o jornal *A República*, cujo célebre Manifesto foi assinado por setenta pessoas, a maioria composta de maçons. Após a fundação desse jornal, começou a contagem regressiva para o golpe militar que derrubou a monarquia brasileira. Depois de várias tentativas fracassadas, os maçons finalmente conseguiram a tão sonhada república laica para *"o cultivo de todas as liberdades democráticas"*, nos termos usados pelo maçom Camino.

Após assumir o controle do Brasil, a maçonaria usou a famosa profecia de São João Bosco como pretexto para construir Brasília e endividar o nosso país. Sim, a capital do nosso País é repleta de símbolos maçônicos, e São João Bosco foi "homenageado" pelos maçons com um monumento em forma de pirâmide. Lembro que, quando o presidente Lula foi eleito em 2002, um jornalista do *Correio Braziliense* escreveu que o ex-operário iria cumprir a profecia do santo italiano.

Diante desse cenário, a única atitude correta a ser tomada por um católico em nosso País é anular seu voto. Não existe alternativa. Voto é uma procuração concedida para outra pessoa agir em seu nome, e nenhum católico deveria conceder esse direito a um maçom. Votar em maçom é um pecado grave para o católico.

---

[87] Ibidem, p. 233.

A influência da maçonaria no Brasil perdura até hoje. Atualmente, o vice-presidente da República, o Sr. Michel Temer, é maçom.

Laborare est orare. Este livro é a minha oração. Esta introdução, além dos objetivos já expostos, foi para tentar explicar como o Ocidente se separou de sua herança cristã, alertar sobre a época em que vivemos e, por fim, para evitar que este livro fosse visto como um exemplo de realismo mágico. São Francisco de Assis não nasceu da imaginação de Gabriel Garcia Márquez. O santo de Assis foi um homem de carne e osso que tinha poderes sobrenaturais superiores aos de um xamã. Os animais lhe deviam obediência, e acredito que o *poverino* tenha sido o maior santo do cristianismo depois dos apóstolos.

Sobre o que é escrito a respeito do Inferno e da Segunda Morte no meu livro, esclareço que fiz uso dos ensinamentos de René Guénon e Frithjof Schuon.

Por fim, faço um apelo aos protestantes que eventualmente venham a ler esta obra. Não tenham receio de rezar e pedir a proteção de Nossa Senhora. Ela é a "Mulher vestida de Sol" citada no Apocalipse. Na época em que vivemos é muito importante contar com a proteção da Mãe de Nosso Senhor Jesus Cristo.

"Uma só coisa peço ao Senhor e a peço incessantemente: é habitar na casa do Senhor todos os dias de minha vida, para admirar aí a beleza do Senhor e contemplar o seu santuário."

Salmo 26:4

Rio de Janeiro, 30 de janeiro de 2014.

Luís Gonçalves Jr.

Abel

Sacerdote sem batina
Pastor sem ovelha;
Pronto para a batalha
Ciente de sua sina.

Folha morta que o vento espalha
É sua vida pequenina,
Sempre soube a que ela se destina
O homem de barba grisalha.

N'alma carrega o pecado alheio
Mas rogou ao pai serafim por uma graça
No desespero de encontrar um meio.

A mãe lhe negou o seio
Outra mulher lhe encheu a taça,
E partiu sem receio; apenas disse: creio.

"*As próprias trevas não são escuras para vós: a noite vos é transparente como o dia e a escuridão, clara como a luz.*"

Salmo 138: 12

1

São Francisco de Assis

Nome é presságio. Quando perguntavam a Abel se gostava do próprio nome, ele respondia, saboreando as sílabas, que "nome é presságio".

Abel não tentava externar sua religiosidade. Era capaz de recitar salmos inteiros e passagens do Livro de Jó e dos Evangelhos sem errar. Apesar disso, não costumava entrar em igrejas. Preferia rezar em casa. Católico, sentia-se constrangido no meio social em que vivia. Vários de seus colegas veterinários eram descrentes, e sua namorada se dizia agnóstica. Com poucas exceções, convivia com pessoas que agiam como se a religião não existisse e que debochavam de religiosos. Embora em sua clínica veterinária houvesse uma imagem de São Francisco de Assis, quando perguntavam se ele era devoto, Abel respondia que fora um presente de uma senhora que lhe agradeceu por uma cirurgia de castração que ele não cobrara. Era mentira. Abel sabia decorado o Cântico ao Irmão Sol. A vergonha de ser religioso o fazia até esconder da própria namorada o hábito de jejuar às sextas-feiras. Do nascer ao pôr do sol, ele se abstinha de comer uma vez por semana.

Agora um homem de 30 anos, começando a ficar calvo e com uma barba precocemente grisalha, Abel se preparava para conhecer a Itália. Durante seis meses estudara italiano com Eleonora, uma professora nascida em Milão. A italiana, já uma senhora idosa, morava sozinha com uma gata que era cuidada por Abel. Ela se oferecera para ensinar italiano ao veterinário, que aceitou sem hesitar. Muita extrovertida e simpática, ela adorava o sotaque carioca de Abel falando italiano, principalmente sua pronúncia do "r". "Parla, mio Papa Bento", dissera a professora mais de uma vez, comparando sua dicção com a do alemão Joseph Ratzinger.

A viagem à Itália estava agendada para a última semana do mês de julho de 2010. Abel passaria três noites em Roma e outras três em Assis. Sua alma não tinha paz, e ele esperava recuperá-la na terra de São Francisco de Assis.

2

No ápice da Lua Cheia de Leão

Abel e Samira formavam um casal bastante peculiar. Ele, religioso, apolítico e com aversão de falar sobre si mesmo. Ela, apesar dos olhos e nariz herdados de seus antepassados libaneses, não demonstrava nenhum interesse pela cultura da qual era herdeira, sendo completamente indiferente à religião de seus avós, que, no início do século 20, migraram para o Brasil fugindo do Império Otomano. A religião de Samira era um partido político de esquerda para o qual ela trabalhava como assessora de imprensa. Os dois discutiam com frequência e, mesmo assim, o namoro continuava. Eles eram divorciados, mas não conversavam sobre a hipótese de um segundo casamento. Apesar de conviver com Abel há quase um ano, Samira se ressentia do fato de ele falar muito pouco sobre seu primeiro casamento. O máximo que dizia era que o divórcio tinha sido inevitável. Quando ela perguntava sobre o filho do primeiro casamento, Abel insistia em dizer que não tivera nenhum filho e que as fotos que ela encontrara em sua casa eram de seu enteado. Samira tinha dificuldade em acreditar na afirmação de Abel e achava que algo muito ruim acontecera no primeiro casamento de seu namorado. O fato de nunca mencionar o nome da mulher com quem fora casado reforçava as suspeitas dela. Mais de uma vez Samira foi acordada por gritos do namorado, que tinha pesadelos recorrentes. Abel nunca contou o que havia sonhado. Apenas falava que sonhava muito com o pai. Aconselhada por sua terapeuta, entretanto, ela tentava evitar perguntas sobre o matrimônio e a família de Abel. O medo de ficar sem namorado a fez silenciar.

– Eu tive sorte de conhecer você – disse Samira, na véspera da viagem de Abel, enquanto o casal ainda estava deitado após terem feito sexo no apartamento dele.

– Não existe sorte. Eu não acredito nisso. Deus e sorte são incompatíveis. Eu já falei isso pra você – discordou Abel.

– Não importa se foi Deus ou se foi sorte. Eu tenho quase 40 anos, a maioria das minhas amigas solteiras está sem namorado. Semana passada, eu descobri que uma amiga minha, que foi casada durante 15 anos e teve dois filhos, agora está namorando uma mulher. Eu fiquei passada. Eu não acredito que ela goste de mulher. Eu vi a namorada dela. Parece um homem.

– Então, é uma relação heterossexual. A sua amiga tem a ilusão de que está namorando um homem – disse Abel, sem esconder um sorriso.

– Na sua visão a minha amiga vai para o Inferno – provocou Samira.

– Eu não acho isso, não. Até onde eu sei, isso é um pecado venial – respondeu. – E eu usei camisinha quando a gente transou. Para o Vaticano eu não poderia usar. Aliás, pro Vaticano a gente não poderia nem transar e eu não poderia ter me divorciado.

– E apesar disso você se diz católico. Às vezes eu acho que você tem dupla personalidade – disse a descendente de libaneses.

– E eu acho que você não sabe que todos os católicos são pecadores – defendeu-se Abel. – Homens santos são exceção – disse.

– Já está tudo pronto pra sua viagem? – perguntou Samira, mudando deliberadamente o assunto da conversa e se levantando da cama para pegar sua bolsa que estava no chão.

– Quase tudo – estendeu o braço na direção da namorada e emendou: – Você pode fumar na cama. Eu já falei que não me importo. Volta pra cama – pediu.

Samira não respondeu. Continuou nua, abriu a bolsa, tirou um cigarro, acendeu-o e abriu a janela do quarto de Abel. Enquanto fumava, olhava os pedestres da Rua das Laranjeiras. Da janela do apartamento de Abel, ela podia ver as pessoas que caminhavam pela rua principal do bairro, e gostava de imaginar histórias sobre elas. Quando via um casal de adolescentes abraçados, imaginava se ainda eram virgens. Uma idosa caminhando sozinha com uma sacola de supermercado despertava pena em Samira. "Ela não tem filhos ou eles não dão importância pra velhinha", pensava. Um grupo só de mulheres caminhando em direção a um bar no Mercado São José lhe causava profundo desconforto. Depois do divórcio e antes de Abel, Samira só tivera um namorado, e foi uma experiência muito ruim para ela. Até Abel aparecer foram quase três anos sozinha.

O período que passou sozinha pesou na decisão de Samira de não se opor à viagem de seu namorado para a Itália. Ela queria que ele a acompanhasse numa nova viagem a Nova Iorque, mas ele insistiu em ir a Assis, passando também por Roma. A Itália não atraía Samira. Tinha antipatia pelo Vaticano e, mais de uma vez, se referiu à Igreja Católica como fascista por causa do Tratado de Latrão. No começo do namoro, dizia que Abel era reacionário. Depois moderou sua opinião sobre ele. Quando seus colegas de partido perguntavam por Abel, ela respondia que a política não entrava na relação deles e que o namorado só se interessava por cães e gatos. Abel não era o homem que ela idealizou. Ela queria um cara politizado, que se revoltasse com as injustiças sociais, mas que gostasse de ir a Nova Iorque e de comer em bons restaurantes. Abel, porém, a conquistou quando ela levou a cachorra de sua mãe, uma Shih Tzu, então com três anos chamada Clara, à clínica dele. Clara estava evacuando sangue. Abel aplicou uma injeção de *Buscopan* na cachorra e tirou sangue para fazer exame. "Pode ser doença do carrapato, verme ou alguma coisa que ela comeu", disse o Dr. Abel à época, exibindo uma voz de barítono que encantou Samira. O veterinário, então, perguntou por que ela escolheu o nome de uma santa para a cachorra. Samira respondeu que ele estava enganado. Disse que Clara era só um nome bonito. Abel insistiu que era o nome de uma santa. Sem graça, Samira lembrou-se da rua Santa Clara, em Copacabana, e disse que a cachorra era da mãe dela, que estava viajando, e que realmente não sabia por que aquele nome foi escolhido. "Ele é religioso. Talvez não seja cafajeste como o meu ex", pensou a assessora de imprensa. Já Abel sentiu atração por Samira assim que ela entrou em sua clínica. Os seios grandes da libanesa chamaram sua atenção imediatamente. E ele ficou admirado por ela ter aceitado cuidar da cachorra de sua mãe. A idade de Samira também o agradou, pois Abel não queria ter filhos. Foi assim que os dois se conheceram e se interessaram um pelo outro.

Samira terminou de fumar e voltou-se para Abel.

– Posso pegar o Sol? – quis saber.

– Ele está preso na cozinha. Quer trazê-lo para o quarto? – Indagou Abel.

Ela não respondeu. Saiu do quarto, deixando a porta aberta e voltou trazendo o cachorro de Abel no colo. Sol era um mini Schnauzer preto com dois anos de idade.

– Você pelada com o Sol no colo dá uma foto linda – disse sem esconder a satisfação.

– Eu não vou deixar você me fotografar assim. É só pra ficar gravado na retina.

Samira colocou Sol no chão e o cachorro se aproximou do dono. Abel o educou para nunca subir na cama. O máximo que Sol fazia era colocar as patas dianteiras sobre o colchão do lado em que Abel dormia, e foi exatamente o que ele fez. Abel acariciou seu cachorro sem sair da cama.

– Eu posso ficar com o Sol quando você estiver viajando.

– Não precisa. A Cristina mora com um monte de cachorros. Vai ser melhor pro Sol ficar com ela. Ele vai se divertir bastante.

Samira voltou para a cama e abraçou Abel.

– Eu vou sentir sua falta.

– São só sete dias. Passa rapidinho – consolou-a.

– Quando você voltar, eu queria que você me apresentasse alguém da sua família ou algum amigo seu. Já faz quase um ano que a gente se conhece, Abel, e você só me apresentou à sua astróloga, aquela maluca.

– Não fala assim da Aninha. Ela elogiou você. Falou que a gente combina – disse, defendendo sua amiga.
– E não tem mais ninguém pra eu conhecer? – quis saber Samira.
– Você sabe que eu sou filho único e que meus pais já morreram. E, tirando a Aninha, os meus amigos são os animais e um ou outro veterinário que estudou comigo.
– Mas nem esses amigos que foram colegas de faculdade você me apresenta. Eu podia fazer um jantar aqui no apartamento. O que você acha? Aí você convida esses veterinários.
– Eu não gosto de receber ninguém. Quando você começou a namorar comigo, deixei isso claro – lembrou Abel.
– As minhas amigas acham você esquisito. Elas dizem que você tem boca, mas não fala.
– E elas têm boca e falam em excesso. "Quem vigia sua boca guarda sua vida; quem muito abre seus lábios se perde". Livro dos Provérbios – disse, dando à voz um tom propositalmente vagaroso.
– Por que você é tão isolado?
– É uma opção. "Os amigos escarnecem daquele que invoca Deus para que ele lhe responda, e zombam do justo e do inocente." Livro de Jó – falou, usando novamente o mesmo tom.
– Você encontra todas as suas respostas na Bíblia.
– Você queria que eu citasse o Alcorão? Eu não sou muçulmano – falou sorrindo.
– Eu acho que nunca vou conhecer você.
– Não fale isso. Você me conhece. Sabe onde moro, onde trabalho, que carro tenho, sabe que sou divorciado, que adoro comer peixe, principalmente bacalhau, e que sou místico, supersticioso e reacionário. Não está bom?

– Eu nunca mais chamei você de reacionário – defendeu-se Samira. – Foi só no começo da relação.

– Ok, libanesa, você nunca mais me chamou de reacionário.

– E o seu enteado? Você não sente falta de conviver com ele?

Abel irritou-se com a pergunta e se levantou da cama. Foi ao banheiro, tentou acalmar-se, urinou, lavou as mãos e o rosto. Quando retornou, pediu para Samira ir embora. Já era madrugada.

– Mas eu pensei que fosse dormir na sua casa – disse Samira, surpresa e sentindo-se humilhada.

– Eu quero dormir sozinho – falou friamente. – Ainda bem que nós estamos na Lua Crescente e eu estou de bom humor.

– Você e as suas superstições – esbravejou. – Eu vou embora.

– A Aninha está pensando em reunir um grupo pra jejuar e rezar no próximo solstício. Ela conheceu um índio que é xamã e está pensando em chamá-lo também. Está a fim de ir? – provocou.

Samira não disse uma palavra e se vestiu. Usava um vestido vermelho, sua cor preferida. Ela sabia que ele quis apenas aborrecê-la por causa da pergunta que ela fizera sobre o seu enteado. Abel, ainda nu, acompanhou-a até a porta. Antes de sair, ela encarou o namorado.

– Não viaja sem se despedir, por favor – pediu.

– Eu ligo quando estiver no aeroporto e mando e-mail quando chegar ao hotel. O *roaming* do celular é muito caro. A gente vai se comunicando por *e-mail* – falou mantendo o tom frio.

Samira saiu e Abel foi até a janela do seu quarto observar a Lua Crescente. "Essa Lua vai abençoar a minha viagem", pensou satisfeito. Somente sua astróloga sabia o que ele iria fazer em Assis. Orientado por ela, escolheu a data de sua viagem de modo que a última noite em Assis ocorresse no ápice da Lua Cheia de Leão.

3

Seu inferno só estava começando

A cortina branca com finas listras verdes se tornava transparente nas primeiras horas do dia. A sensação de ser acordado pela luz do Sol que invadia seu quarto logo ao amanhecer lhe era extremamente agradável. Sua mulher, que dormia ao seu lado, usava uma venda nos olhos para continuar dormindo. Abel se levantou e Joana continuou deitada. Era ele que levava o cachorro Sol, um Pastor Alemão de 4 anos, para o passeio matinal. Urinava, lavava o rosto com água fria para espantar o sono, tirava o pijama, vestia uma bermuda e levava o cachorro para caminhar no quarteirão. Era assim que Abel começava todas as manhãs. Enquanto passeava com Sol, sua mulher, Joana, acordava Francisco, o filho do casal de 3 anos, e o fazia tomar banho.

    O casamento de Abel e Joana tinha a duração da idade de Francisco e mais cinco meses. Quando Joana ficou grávida, os dois ainda eram namorados, e o casamento foi apressado a pedido dos pais dela. A família morava numa casa na Freguesia, Zona Oeste do Rio de Janeiro. Joana foi criada em Laranjeiras, onde seus pais ainda moravam, e resistira à ideia de sair da Zona Sul, mas Abel insistiu em morar numa casa. Ele nasceu e foi criado numa casa em Petrópolis, e se mudou para o Rio de Janeiro quando começou a cursar a faculdade de veterinária. Somente o pai de Abel, um servidor público aposentado, estava vivo, casado com uma mulher mais jovem do que seu filho, e permanecia morando na Serra.

    O imóvel foi financiado com a renda do casal e com a ajuda dos pais de Joana. Os dois eram veterinários e trabalhavam juntos. Quando Joana ficou grávida, Abel comprou Sol para que o filho crescesse tendo um animal de estimação. Francisco adorava Sol, e o amor do Pastor Alemão era recíproco, embora, desde o início, Sol tenha demonstrado predileção por Joana. Durante as refeições do casal, Sol deitava-se próximo aos pés de Joana e adorava quando ela lhe dava um pedaço de bife ou frango. Foi Joana quem escolheu o nome do cachorro. Ela era devota de São Francisco de Assis e chamava o Pastor Alemão de irmão Sol.

    Ela era uma mulher muito bonita. Com 26 anos, após uma gestação, conservava um corpo muito atraente. Era alta, muito branca e tinha os cabelos castanhos, mas gostava de tingi-los de ruivo. Mais de uma pessoa lhe disse que era parecida com uma atriz de Hollywood. Abel, apenas um ano mais velho, sentia muitos ciúmes da mulher, embora vivessem bem. Ele gostou de Joana desde o primeiro ano da faculdade, mas ela não estava disponível. Entrou na faculdade com um namorado advogado, que, muitas vezes, ia buscá-la no fim da aula. Era um homem forte, moreno, com um rosto feio, cerca de dez anos mais velho do que Joana e que sempre aparecia na faculdade dirigindo uma moto. Abel ficou sabendo que o nome dele era Júlio César e que sua família pertencia a uma Igreja Presbiteriana. "Não vai dar certo", torcia Abel. "Ela é católica. A família dela não deve gostar dele". O desejo de Abel tornou-se realidade. No fim do primeiro ano de faculdade, Joana e Júlio César terminaram o namoro sem que, até então, Abel soubesse o motivo do rompimento. Ocorreu que, uma semana depois, Joana começou a namorar Leonardo, um colega franzino com jeito de *nerd*, o que enfureceu Abel, que se considerava muito melhor do que Leonardo. O namoro com Leonardo terminou de forma que surpreendeu a todos os alunos do curso. Ele havia preferido uma garota gordinha e desajeitada, pois não suportava as chacotas de seus colegas que lhe diziam que Joana o usava para tirar boas notas e o descartaria tão logo a faculdade terminasse. Abatida, Joana cedeu facilmente à investida de Abel, que não tinha aparência de *nerd*. Muito pelo contrário. Era branco, alto, magro e, quando deixava a barba crescer, ficava com uma inegável cara de cafajeste.

  Abel era católico não praticante, mas a convivência com Joana o fizera passar a ler a Bíblia quase que diariamente e a acompanhá-la à missa. Joana dizia que, quando Francisco completasse sete anos, gostaria de levar o filho para visitar o túmulo de São Francisco de Assis e pedir proteção a ele. Joana estivera em Assis com seus pais quando tinha 15 anos. Já Abel nunca havia saído do Brasil.

  A clínica de Abel e Joana era em Rio Comprido, bem próxima à Igreja de São Francisco de Assis. O ponto era estratégico e havia sido escolhido por Joana. Ela sabia que muitas pessoas levavam seus animais àquela paróquia para receber bênção, inclusive Sol fora levado lá e abençoado por um padre. A escolha tinha se mostrado acertada, e os dois trabalhavam muito. Francisco passava o dia com uma babá, que era vigiada pela mãe de Joana com visitas inesperadas. Às vezes, Abel atendia clientes até mais tarde e Joana regressava sozinha por causa do filho.

Aquele dia seguiria a mesma rotina. Abel retornou da rua com Sol, tomou banho, vestiu-se de branco e sentou-se à mesa para tomar café com sua mulher. Joana usava ainda um roupão de banho. Ela deliberadamente deixara Francisco no quarto. Abel estranhou a ausência do filho e que sua mulher não estivesse vestida para o trabalho.

– Nós vamos nos atrasar. Está indisposta hoje? E o Francisco, onde está? – quis saber.

– Eu marquei hora numa advogada – disse Joana, sentando-se à mesa.

– Por quê? – Abel estava apenas curioso, sem imaginar o que viria em seguida.

– Eu quero me divorciar – falou friamente.

– Eu não estou entendendo. O que aconteceu? Você não pode se divorciar. E a sua religião? – disse, começando a alterar o tom de voz.

– Civilmente eu posso me divorciar. Só no religioso é que eu não posso casar de novo – manteve o tom frio.

– O que está acontecendo?

– Há quase cinco meses que eu venho adiando esta decisão. Eu só me casei com você porque fiquei grávida – disse fitando Abel firmemente.

Abel teve a nítida sensação de que uma corda apertava seu pescoço, e sentiu um pouco de taquicardia.

Bebeu água e sua mão visivelmente tremia enquanto segurava o copo. Permaneceu em silêncio. Numa sucessão de segundos, toda a vida que passara ao lado de Joana foi relembrada, desde o primeiro dia de aula na faculdade, quando a viu entrar em sala usando um vestido branco com estampa de flores, até o dia anterior, quando adormeceu queixando-se de um cheque sem fundo que recebera de um cliente. Até então, estava tudo bem. Ele estava feliz no casamento, o filho tinha saúde, a casa que financiaram não era luxuosa, mas confortável, e as parcelas do contrato imobiliário estavam em dia.

– Você tem outra pessoa? – falou, levantando-se da mesa.

Francisco entrou na sala e houve um incômodo silêncio. Abel pegou o filho no colo.

– Você vai mudar de ideia, não vai? Isso é uma fase. Você pode ficar um tempo na casa dos seus pais, se quiser – disse, apertando o filho.

– Eu não gostaria de que as coisas fossem difíceis. Abel, por favor, leve o Francisco pro quarto – falou, sem se levantar da mesa.

– Vamos pra Itália. Vamos levar o Francisco pra conhecer Assis – suplicou Abel.

– Por favor, leve o nosso filho pro quarto – repetiu, levantando-se e encarando o marido.

Abel levou o filho para o quarto e tentou não chorar na frente de Francisco. Seu filho tinha os olhos amendoados e as sobrancelhas grossas do pai. Muitas pessoas diziam, brincando, que Francisco só parecia filho de Abel, pois não viam nenhuma semelhança entre a criança e a mãe.

– Você é a pessoa mais importante pra mim, Francisco. Pode ter certeza disso. O pai sempre vai estar perto de você.

Francisco apenas acariciou o pai no rosto e sorriu. A criança não tinha compreensão do que estava acontecendo.

O Abel que voltou à sala era outro homem. Aproximou-se de Joana e segurou o braço de sua mulher com força.

– Eu quero saber o nome dele. Você vai me dizer o nome desse desgraçado – disse o marido.

– Não existe homem algum, Abel. Eu só estou infeliz. Eu me casei por obrigação. Se não tivesse engravidado, não ia me casar com você. Por favor, solta o meu braço. Eu estou me sentindo ameaçada – disse Joana, sem se deixar intimidar.

Abel soltou o braço de sua mulher. Eles se conheciam há nove anos. Foram colegas de faculdade, amigos, namorados e marido e mulher. Abel achou que passaria a vida inteira ao lado de Joana. Ele não acreditou que ela ficaria sozinha. Sabia que Joana não era o tipo de mulher que passaria sem companhia masculina. Tinha quase certeza de que estava sendo traído. Ela lhe deu uma pista ao dizer que estava infeliz há quase cinco meses. Toda a admiração que tinha pela mulher desapareceu naquela manhã. Abel queria a verdade. Desconfiava de que a mulher estava escondendo a traição para não feri-lo ainda mais. Mas ele queria a verdade. Queria saber tudo. Quem era, como começou, onde eles faziam sexo e o que mais tivesse vontade de perguntar. Entretanto, sabia que Joana não responderia a nenhuma dessas perguntas. Ela já tinha uma resposta pronta: "Isso é baixaria". Ele conhecia Joana e sabia que ela evitava certos assuntos com essa frase.

– Eu vou trabalhar. Não apareça na clínica hoje nem nunca mais. Eu não quero olhar pra sua cara.

– Eu vou pra casa dos meus pais com o Francisco até a gente resolver essa situação. E vou levar o Sol também. O Francisco precisa dele. O seu pai mora longe. Você não tem condições de cuidar sozinho do nosso filho. Vai ser melhor assim.

    Abel não disse mais nada. Derrotado, saiu de casa de cabeça baixa. Entrou no carro, um Gol branco, mas não ligou o motor. Ficou alguns minutos completamente inerte, como se fosse um cadáver. Depois olhou para o terço de madeira enrolado no retrovisor. Fora uma ideia de Joana colocá-lo no veículo. Ela pedira a um padre da Igreja de São Francisco de Assis para benzê-lo. Pensou em arrancá-lo, mas se conteve. Baixou o vidro da porta do motorista e ligou o rádio para tentar se animar. Estava tocando "Bridge Over Troubled Water", de Simon & Garfunkel. Sua alma, em fúria como um rio revolto, destruiria qualquer ponte que atravessasse seu caminho. Seu inferno estava só começando.

4

The prince of darkness is a gentleman

No dia seguinte, pela manhã, Abel terminou de arrumar sua mala. Vestiu uma bermuda branca e camisa de malha azul que fora comprada num fim de semana em Visconde de Mauá com Samira. Ele adorava tomar banho de cachoeira e, sempre que podia, visitava Mauá. Depois deixou o cachorro na casa de Cristina, funcionária de sua clínica e que trabalhava com ele há alguns anos. Ela era uma viúva com pouco mais de 70 anos que vivia sozinha com três cachorras, e sempre cuidava de Sol quando Abel precisava. Era negra, usava óculos com lentes grossas, não tentava mais esconder os cabelos brancos, sofria de obesidade e hipertensão e passou a frequentar a Igreja do Santo Daime após a morte do marido, em que consumia a planta ayahuasca com o objetivo de reencontrar o falecido em outra dimensão. Faltava ao trabalho com frequência, deixando Abel sozinho para atender sua clientela. Apesar disso, o veterinário jamais pensara em demiti-la, pois confiava em Cristina de olhos fechados. Ela fora sua babá durante três anos e, quando ficou viúva, Abel a convencera a fazer um curso de técnico em enfermagem para poder trabalhar na área de Saúde. Sua funcionária morava no Grajaú, um bairro da Zona Norte do Rio. Abel não se importava de atravessar o túnel Rebouças só para deixar Sol na casa de Cristina. A sensação de segurança por deixar seu cachorro em boas mãos compensava a distância a ser percorrida. Nem o fato de Cristina morar próximo de uma favela o incomodava. Ele fizera estágio no Centro de Controle de Zoonoses e participara de Campanhas de Vacinação Antirrábica em postos de saúde situados em favelas do Rio de Janeiro.

Cristina tinha feito café de manhã e arrumado a mesa para receber o patrão e amigo. Ela sabia que Abel gostava de comer queijo bola de manhã e não bebia leite. Assim providenciara exatamente o que ele apreciava. Tomaram café juntos enquanto Sol permaneceu deitado ao lado dos pés de Abel. As cachorras de Cristina se chamavam Creuza, Dalila e Glória, e todas eram sem raça definida. Creuza era preta e tinha sangue Basset. Dalila era branca com manchas pretas e castanhas, tendo algo de Beagle em sua genética. Glória, a maior de todas, era preta e lembrava um filhote de Labrador. Assim, Sol ficaria num harém durante a viagem de Abel, mas o voto de castidade estava garantido. O veterinário tinha sido o responsável pela castração do quarteto canino.

– Eu tenho certeza de que a tua viagem vai ser muito boa. Tua mãe e teu avô ficariam orgulhosos – disse Cristina enquanto tomava café.

– Acho que sim – concordou Abel.

– Tu vai só pra Itália ou vai pra outro país também?

— Só Itália, Cris – respondeu. – Eu não vou poder demorar. Ainda tenho acupuntura antes de ir pro aeroporto e marquei almoço com uma amiga – acrescentou Abel.

— Tu ainda está com aquela mulher que parece uma chaminé e fuma feito uma doida?

Abel riu.

— Estou. Ela está tentando fumar menos.

— Meu filho, a energia dela é muito ruim. Ela usa muito vermelho. Mulher que gosta de vermelho não pode prestar. É uma cor muito negativa – falou Cristina.

— É a cor da bandeira do partido dela. Ela gosta – comentou friamente.

O veterinário sabia que vermelho é a cor do chakra rádico, porém não quis dar chance para Cristina continuar falando mal de sua namorada.

Despediu-se de Cristina e prometeu trazer um perfume do *free shop* para ela. Abel sofria de uma protusão na coluna lombar e tinha receio de chegar a Roma com dores, em razão do tempo que passaria sentado na poltrona do avião. Apesar de fazer uso de anti-inflamatórios, a dor não passava, e ele recorreu a um acupunturista. Seu nome era Liang, um monge taoísta nascido em Taiwan, que fora enviado para o Rio de Janeiro com a missão de difundir sua religião. O contato com Liang fizera Abel estudar o I CHING, o que aumentara ainda mais o seu misticismo. Uma das primeiras perguntas que o veterinário fez ao monge foi se havia um ser semelhante a Cristo na religião taoísta. Liang lhe respondeu que, no taoismo, existe um ser chamado Rei de Jade que governa o Céu e a Terra.

Liang já o aguardava. Seu consultório era no Centro da cidade, onde a maioria de seus pacientes trabalhava. Ele e Abel tinham a mesma idade, o que aumentou a simpatia entre os dois. O taiwanês gostava muito de conversar com o devoto de São Francisco de Assis, e ficou impressionado com o fato de o Cântico do Irmão Sol mencionar quatro dos oito trigramas do livro sagrado de sua religião e ainda fazer referência ao Sol e à Lua que, em sua tradição, eram representados por Yang e Yin. Durante a sessão a conversa cessava, e Abel ficava em silêncio. Enquanto estava com o corpo repleto de agulhas, Abel recordou que a anestesia era uma conquista bastante recente na medicina do Ocidente, enquanto a acupuntura era milenar. Liang havia lhe contado que Mao Tsé-Tung, apesar de ter perseguido os seguidores do Taoismo, não pudera proibir a medicina que era praticada pelos monges.

– Joguei I CHING para viagem – disse o monge, enquanto tirava as agulhas do corpo de Abel, que estava só de cueca e deitado.

– E o que foi que saiu?

– Vinte e seis. Montanha e Céu.

Abel mostrou-se impassível ao ouvir o número 26 e manteve-se em silêncio durante alguns segundos.

– Eu não lembro do que esse significa – falou Abel, rompendo o silêncio e começando a vestir-se.

– Você quer algo do Céu ou Terra?

– Eu espero receber do Céu o que eu quero.

– Céu dentro de Montanha é perseverança – disse o monge.

– Que bom.

– E tesouro oculto – prosseguiu Liang.

Abel sorriu.

– Existe rio em viagem? – indagou o monge.

– Em Roma, sim, mas em Assis, que eu saiba, não.

– Você precisa atravessar o rio.

– Sempre aparece um rio. Da outra vez que você jogou o I CHING também tinha um rio no meu caminho.
– I CHING não erra.
– E o nove? Saiu em que linha?
– Dois. Você tem valor. Mas travessia difícil.
Abel demonstrou decepção.
– Então você acha que não vou conseguir o que eu quero? – perguntou o veterinário.
– Vinte e seis é perseverança – falou Liang de modo impassível.
Abel abraçou Liang.
– Muito obrigado, Liang. Que o Rei de Jade ouça você.
Ele se despediu do monge. Estava contente com o que ouvira de Liang. Abel marcara um almoço com Aninha, sua amiga, astróloga e conselheira. Aninha tinha mais de 50 anos e muitas histórias pra contar. Aquela morena, que usava sári e pintava os longos cabelos de preto para esconder dezenas de fios brancos, fora jovem no fim dos anos 1970, tendo estudado Ciências Sociais na UFRJ, onde se transformou numa marxista puro-sangue. Depois leu Marcuse e desbundou. Colocou em prática os ensinamentos de seu antigo mestre e participou de várias surubas no bairro de Santa Teresa com o objetivo de destruir o capitalismo. "Eram surubas revolucionárias", lembrava, sem nenhuma vergonha de seu passado. Fez dois abortos e drogou-se até meados dos anos 1980, quando perdeu seu namorado preferido vítima de overdose. O trauma a fez buscar consolo no Hinduísmo. Mudou-se para a Índia quando tinha 29 anos, em pleno "retorno de Saturno", como ela sempre fazia questão de frisar. Na Índia, Aninha descobriu que fora vítima da

Kali Yuga e que o caminho tortuoso que atravessara estava profetizado nos Upanishads. Depois de estudar e praticar o Hinduísmo, encontrou um discípulo de Titus Burckhardt que lhe ensinou astrologia e religião comparada. Em seguida, conheceu um conceituado artista plástico brasileiro que também tinha um passado marxista e se mudara para a Índia após a queda do Muro de Berlim. Ela e o conterrâneo começaram a namorar e decidiram regressar para casa. Na Índia, o casal voltou a valorizar a cultura que tanto abominara quando jovem e reconheceu que precisou viver no Extremo Oriente para voltar a admirar os Evangelhos. De volta ao Brasil no meio dos anos 1990, ela se tornou uma das astrólogas mais bem pagas do Rio de Janeiro, adotou dois meninos, deu-lhes os nomes de Mateus e Marcos e os matriculou no colégio São Bento. Seus livros de cabeceira eram o *Bhagavad Gita* e *Confissões*, de Santo Agostinho.

Abel e Aninha combinaram o almoço num restaurante adventista que não era longe do consultório de Liang. A astróloga era vegetariana, não fumava nem bebia uma gota de álcool. Apesar de muito ocupada, ela dedicava uma atenção especial a Abel, não apenas por ele ter idade para ser seu filho, mas porque adorava seu mapa astral. O fato de ter nascido no ápice da Lua Cheia de Leão a deixara muito impressionada. Por isso, ela o convencera a ir a Assis nesse período lunar, mesmo que naquele ano não coincidisse com a data de seu aniversário. De fato, o aniversário de Abel aconteceria na segunda semana de agosto e, naquele ano, a Lua Cheia de Leão seria no fim de julho. "Vá a Assis nesse período. A Terra vai estar alinhada com o Sol e a Lua", disse a astróloga quando Abel quis saber a melhor data para sua viagem.

Ele encontrou sua amiga ocupando uma mesa de canto do restaurante que estava cheio. Ela se levantou ao ver Abel e o beijou no rosto. O restaurante funcionava como um *buffet*, e os dois enfrentaram uma pequena fila para se servir. Enquanto estavam na fila, Aninha quis saber de Samira. Embora fosse religiosa, a astróloga guardava resquícios de seu passado materialista e hedonista. Por isso não tinha nenhum pudor em usar uma linguagem que um padre jamais falaria em público.

– E a namorada?
– Ontem rolou um desentendimento.
– Tenha paciência, meu querido. Ela vai mudar – falou, enquanto começou a se servir de uma salada. – Ela está sendo comida por um conservador. É só uma questão de tempo.

Abel se conteve para não rir diante do comentário da amiga.

– Eu só não desisti porque você me disse que ela vale a pena – disse e também começou a se servir no *buffet*.
– Querido, se todo conservador comesse uma mulher de esquerda, nós iríamos fazer uma revolução silenciosa. Você está fazendo um bem pra ela.
– Tem horas em que é difícil aguentar aquela conversa. Você tem de ver quando ela fala do Che Guevara. Parece que ele era igual a Jesus Cristo.
– Eram idênticos. Um matou quem roubou um pedaço de pão e outro multiplicou pães e peixes. Iguaizinhos, como você pode ver – disse e fitou Abel, piscando para ele.

Eles terminaram de se servir e sentaram-se numa mesa de canto. Abençoaram o alimento e começaram a comer.

– O problema da sua namorada é que ela deve ter sido comida e depois doutrinada por um professor comunista na

faculdade – falou, após mastigar cenoura crua. – Mas ela tem salvação.
– Você acha que foi isso?
– Querido, eu tenho certeza. Ninguém me contou. Eu estava lá nos anos 70, quando os professores comunistas comiam as meninas de classe média e elas acabavam virando comunistas também. Ideologia é igual a doença venérea. A gente transa e acaba contaminada pelo parceiro. Só que pra doença venérea existe antibiótico – falou sem nenhum embaraço.
– Mas a Samira fez faculdade nos anos 90. Não era pra ela ser assim.
– Abel, esses professores ainda não morreram e continuam doutrinando novas gerações. Eles só estão mais velhos, mas continuam repetindo Hegel, Marx e Rousseau. Só enterraram Marcuse por causa da Aids.

Abel não compreendia tudo o que Aninha falava, mas sempre ouvia com atenção sua segunda mãe. Seu avô sempre lhe dissera para evitar o convívio com marxistas, mas isso não o impediu de namorar mulheres como Samira.

– O meu avô falava que as faculdades estavam cheias de marxistas, mas no meu curso eu não senti isso – comentou Abel.
– Você é da área de Saúde. Então, no seu caso, a história é um pouco diferente. Mas na área de Humanas, a esquerda fez um estrago considerável. Foi a esquerda que disseminou o uso das drogas, mas eu não conheço nenhum esquerdista no Brasil que tenha a honestidade de admitir isso. O país está essa porcaria, com um monte de crianças e adolescentes usando *crack* por causa dessa gente, mas eles são minoria, uma minoria histérica. O discurso dessa gente é uma pregação niilista rumo ao niilismo

socialista. Por isso, a esquerda precisa ser histérica. No fundo, nem ela própria acredita no que fala. Mas esse não é o nosso caso. Nós somos a maioria silenciosa.

– É verdade. O número de drogados só faz aumentar. Eu ouço histórias horríveis na clínica. Eu sei de um rapaz que deu o gato da própria mãe pra um traficante em troca de *crack*. Ele sabia que o gato ia virar churrasco na favela, mas estava tão doido pelo *crack* que não se importou – concordou Abel.

– Eu não tenho problema em falar dessas coisas pra ninguém. Os acadêmicos falam que a divisão da sociedade entre direita e esquerda começou na Revolução Francesa, mas eu acho que começou bem antes. Apolo e Dioniso já simbolizavam essa divisão. A Revolução Francesa somente fez o Ocidente regredir ao paganismo. O problema é que Dioniso leva à destruição. Cristo selou o destino de Dioniso, mas, desde então, o mal que existe dentro de todos nós luta pra reaparecer. No século 20, Dioniso reapareceu com vários nomes: Marcuse, Foucault e por aí vai. Todos filhos de Dioniso. Mas eles vão ter o que merecem quando Leviatã for solto.

– Eu não tenho noção do que você está falando.

Aninha sorriu.

– Você não precisa saber nada disso, Abel. Você apareceu na Terra num dia iluminado. O Sol é o seu Senhor.

– Se você diz, eu acredito.

– Se você recebesse um convite pra uma suruba, duvido que você fosse. Mas eu fui convidada e aceitei.

– Aquelas festas famosas que você me contou? – falou, sem esconder o sorriso.

– Exatamente. As surubas revolucionárias que iriam destruir ao mesmo tempo a taxa de mais-valia e a repressão sexual – disse, e voltou a comer.

– Eu fico impressionado como você fala essas coisas com a maior naturalidade.

– Meu querido, eu não tenho orgulho do que fiz, mas também não sinto mais vergonha. Hoje, eu sei que fui massa de manobra na mão de gente muito escrota. Eu podia ter sido presa quando era perigoso ser de esquerda e ter morrido de tanto usar droga. Mas estou aqui. Como virei astróloga, ninguém dá importância pra mim. Mas se eu tivesse voltado a me envolver com política, com a cabeça que eu tenho hoje, eu ia estar fodida. Muita gente que me comeu nos anos 70 ia querer me comer de novo, mas em outro sentido. Iam querer fazer comigo o que os índios Caetés fizeram com o bispo Sardinha.

Eles terminaram o almoço, saíram do restaurante juntos e caminharam até o Terminal Menezes Cortes, onde Abel deixara seu carro. Aninha fora ao Centro de táxi.

– Você quer carona? Eu deixo você em casa – perguntou o veterinário.

– Meu querido, eu moro em Ipanema. Isso não vai ser uma carona. Não quero que você se atrase. Você tem de deixar seu carro em casa antes de ir para o aeroporto.

– Tá bom. É que a gente ia poder conversar mais se você fosse comigo.

– A gente volta a conversar quando você retornar da Itália.

– Combinado.

– Só mais uma coisa. O meu marido estava lendo *Rei Lear* ontem à noite e fez questão de ler um trecho em voz alta pra mim. Eu tinha que contar isso pra você, Abel. Essa citação de Shakespeare me deixou com todos os cabelos arrepiados.

– Qual é a citação?

– The prince of darkness is a gentleman.
– The prince of darkness is a gentleman – repetiu Abel num tom vagaroso.
– O diabo é sempre sedutor.
– Eu compreendi, e ele fez questão de usar a palavra príncipe.
– E ainda tem gente que usa Shakespeare pra justificar o próprio ateísmo – disse a astróloga, sem esconder a satisfação.
– É verdade. Aninha, eu vou ter de ir.
– Meu querido, eu desejo tudo de bom pra você. Que a Virgem Maria, esposa do Espírito Santo, estenda seu manto sobre você e abençoe a sua viagem.
– Obrigado – disse, e abraçou Aninha.
Despediram-se. Abel pagou o estacionamento e pegou o elevador até o andar onde estava seu carro, um Sandero branco. Olhou para o terço de madeira que estava enrolado no retrovisor e desfez os círculos que o prendiam. "O Senhor vai comigo pra Itália. The prince of darkness is a gentleman", pensou.

5

Três dias atrás

Entrou na Igreja de São Francisco de Assis após fechar a clínica mais cedo do que o habitual. Abel estava transtornado com a decisão de Joana de se divorciar. Havia missa diariamente às 19 horas. Quando ele entrou, a cerimônia estava quase no fim. Esperou a missa terminar e abordou o padre, um senhor de quase 70 anos, curvado, praticamente careca, mas ainda com alguns fios de cabelos brancos. O sacerdote se chamava Jaime e conhecia Abel e Joana. Várias vezes ele havia indicado sua clínica para fiéis que tinham cachorro ou gato. O veterinário sempre se mostrou grato ao padre por lhe arranjar clientes, e fazia contribuições para a paróquia mensalmente.

– A Joana o procurou recentemente? – perguntou o veterinário.

– Não, Abel. Por quê? – disse o padre, que sofria de mau hálito.

– Ela quer se divorciar – falou, tentando manter a calma.

– Meu Deus! – mostrou-se surpreso e ficou em silêncio alguns segundos – Meu filho, um casamento é feito de altos e baixos. Eu já vi casais que quase se separaram, se arrependeram da decisão e continuaram juntos.

– Padre, o senhor me conhece. Eu não fazia questão de casar no religioso. Só passei a frequentar a Igreja por causa da Joana, e agora ela decide fazer isso.

– Abel, peça para ela vir falar comigo.

– Ela saiu de casa hoje e levou o meu filho com ela. Eu estou desconfiado de que ela já entrou com alguma ação na Justiça pra se precaver.

– Quem mais sofre são os filhos – disse padre Jaime.

O comentário irritou Abel, que alterou a voz com o sacerdote.

– E eu, padre? O senhor acha que eu não sofro? Eu sempre fiz tudo o que ela quis! O senhor não vai poder fazer nada por mim. Porra nenhuma! – falou, e virou as costas, saindo da Igreja sem se despedir.

Abel nunca havia traído Joana, embora, mais de uma vez, tenham surgido oportunidades. Naquela noite ele não quis ficar sozinho. Dirigiu até Copacabana e entrou numa boate da Praça do Lido. Bebeu duas caipirinhas, enquanto admirava o cenário. Um marxista diria que eram as moças da classe trabalhadora que lutavam para ganhar o sustento. Um católico tradicionalista falaria que eram as degredadas filhas de Eva que se perderam. Mas Abel viu somente um monte de mulheres gostosas na sua frente e contratou a mais bonita que encontrou. Foram para um motel bem próximo da boate.

Dirigiu de Copacabana até a Freguesia alcoolizado, e não havia nenhuma alma esperando por ele ao chegar em casa. Entrou no quarto do casal e sentou-se na cama em que fora feliz inúmeras vezes. Lembrou-se de que tinha comprado ingressos para o show da cantora Simone, no Canecão. Joana gostava da Rita Lee e detestava Simone, contudo tinha aceitado acompanhar o marido à casa de show. Agora ele não tinha mais companhia e não sabia o que fazer com os ingressos.

Embora nunca tenha admitido isso para ninguém, Abel sentia que Joana era mais do que ele merecia, e por isso sempre tentou satisfazer todas as vontades dela. Em sua infância petropolitana, ele sempre ouvira falar do Rio de Janeiro e das belas cariocas que se exibiam nas praias. Até então, ele havia gostado de sua vida na Cidade Maravilhosa e se considerado um homem bem-sucedido profissional e emocionalmente. Até então.

Adormeceu sem trocar de roupa e sonhou que estava numa rinha de galos. Seu pai o levara várias vezes à rinha quando criança. No sonho, ele estava justamente acompanhado do genitor. Os dois apostaram em galos diferentes. O galo de Abel perdeu após lutar muito e quase vencer a disputa. Seu pai lhe dizia para não ficar triste, mas afirmava que o derrotado tinha de morrer. "Não se alimenta galo perdedor", foi o conselho que Abel recebeu em seu sonho.

No dia seguinte, ele acordou com um oficial de Justiça tocando sua campainha. Recebeu uma intimação de uma decisão judicial concedendo a separação de corpos entre ele e Joana e a guarda provisória de Francisco para a mãe. O veterinário recebeu também cópia da petição ajuizada e a leu. Na peça processual, a advogada de Joana afirmara que sua cliente vivia constantemente sob ameaças de agressão física e suportava calada várias injúrias. A decisão judicial havia sido concedida três dias atrás.

6

Siamo tutti peccatori

Samira parou seu carro no estacionamento do aeroporto por volta das 15 horas. Ela tinha um Sandero prateado. Quando soube que tinha um veículo igual ao do namorado, Samira achou que era uma feliz coincidência. Foi então que Abel começou a mostrar o seu lado místico para a namorada. Ele quis saber onde ela comprara o Sandero e descobriram que estiveram na mesma concessionária, no mesmo mês, e foram atendidos pelo mesmo vendedor, um rapaz moreno, muito simpático e que não tinha a mão esquerda. Abel sabia que estava diante de um presságio, e não de uma coincidência. Ela, a princípio, não quis discordar do namorado e aceitou o fato como um presságio.

Ela havia dirigido até o aeroporto ouvindo um CD de Emmerson Nogueira, o cantor preferido de Abel. Antes de desligar o CD Player, pôde ouvir a estrofe de Wild World, de Cat Stevens, na voz de Nogueira: "You know,

I've seen a lot of what the world can do/ And it's breakin' my heart in two/ 'cause I never want to see you sad girl/ Don't be a bad girl".

    Samira sentia-se insegura em razão da conversa que tivera com Abel na noite anterior. O receio de que ele voltasse de viagem e não quisesse mais vê-la a fez ir ao aeroporto para se despedir pessoalmente do namorado. Antes de tomar tal decisão, ela havia conversado com sua terapeuta, que apoiou sua iniciativa. Samira havia se tornado tão dependente da terapia que, muitas vezes, pedia conselhos para sua terapeuta por SMS várias vezes por semana. Sua conselheira se referia a Abel como "o místico" e lhe dizia para criar *rapport* e demonstrar interesse por misticismo, mesmo que não levasse a sério "as superstições do seu namorado". Mesmo não sendo supersticiosa, naquele dia, Samira usava um vestido branco. Ela já havia notado que Abel não se vestia de branco apenas para trabalhar, mas também quando participava de grupos de meditação. Quis saber o motivo e ele lhe respondera que "o branco é a soma de todas as cores".

    Abel chegou de táxi ao aeroporto um pouco depois das 16 horas. Seu voo partiria para Roma às 19 horas. Saiu do veículo com uma mala pequena e uma mochila nas costas. Usava jeans e uma camisa polo azul com listras horizontais brancas. De repente, viu Samira fumando a 100 metros de distância. Os dois se aproximaram um do outro.

    – Eu quis vir ao aeroporto. A noite não terminou boa ontem – disse Samira, e em seguida abraçou Abel.

    – Você está nervosa. Não há motivo – falou, tentando acalmar a namorada.

    – Eu espero que corra tudo bem na sua viagem. Espero que Assis lhe dê o que você procura, que eu não sei o que é, mas sei que é importante pra você – expressou, num tom absolutamente sincero.

– Samira, me solte e termine o seu cigarro. Vamos juntos para a sala de embarque.

Ela soltou o namorado e ainda fumou durante alguns segundos. Os dois foram juntos para o *check-in* da companhia aérea.

– O que você quer da Itália? – perguntou Abel, enquanto caminhavam.

– Se puder, traga um Chianti. A gente bebe no dia do seu aniversário e eu preparo um risoto.

– Eu vou querer sobremesa.

– Eu faço.

Abel parou de caminhar e fitou a namorada.

– Eu não vou deixar você, Samira. É uma viagem de uma semana. Fique calma. O que a sua terapeuta disse sobre a minha viagem?

– Eu não gosto de falar sobre o que converso com ela.

– Tá bom. Aposto que você me xinga pra sua terapeuta.

– Abel, eu falo muita bobagem. Eu gosto de você. Eu já namorei um cara do meu partido e foi horrível. Ele dizia que o sexo tinha de ser socializado e vivia tentando me convencer a fazer *swing*. Eu caí fora.

Abel tentou conter o riso, mas não conseguiu.

– Bem, isso eu nunca vou pedir pra você.

– Eu sei. É uma pena que você não quis habilitar o *roaming*. A gente ia poder se falar todos os dias.

– A gente se fala por *e-mail*. Se no meu hotel em Roma tiver Skype, eu aviso você. Em Assis, acho que vou ficar num hotel mais simples. Duvido que tenha computador.

– Se você levasse um laptop, ficava mais fácil.

– Quanto menos coisas eu carregar melhor. Já viu o tamanho da minha mala? Eu só estou levando um par de tênis, que é o que eu estou usando agora.

Abel entrou na fila do *check-in* e Samira decidiu fumar outro cigarro, deixando o namorado momentaneamente sozinho. O fato de Samira fumar nunca o incomodou, e ela demonstrava uma compreensível gratidão por esse gesto de tolerância. Ela se considerava quase uma criminosa por ser fumante.

Samira retornou à área do *check-in* quando Abel já estava despachando sua bagagem. Ele manteve somente a mochila nas costas. Sem perceber que sua namorada estava a alguns metros de distância, Abel caminhou no sentido contrário ao dela. Samira não teve dúvidas:

– Sola, perduta, abbandonata – gritou chamando a atenção de vários passageiros.

Surpreso, Abel virou-se ao ouvir a voz da namorada e se aproximou dela.

– Eu não sabia que você fala italiano.

– Io parlo um po' di italiano. Eu também tenho mistérios – disse Samira. – Meu pai me levava ao Municipal quando eu era adolescente. Cansei de ouvir ópera. Depois que eu entrei pra faculdade, comecei a gostar de MPB e me interessei por outros assuntos. Eu era muito elitista – acrescentou, um pouco constrangida.

– Você podia ter me dado umas aulas de italiano.

– Se você pagasse, ia estudar com mais dedicação. Não é?

– È vero, ragazza! – concordou Abel, meneando a cabeça.

Samira beijou seu namorado.

– Buon viaggio, amore! – disse a libanesa.

– Ti prometto che ritorno – falou com o seu sotaque de Bento XVI.

Os dois terminaram de se despedir. Samira saiu do aeroporto mais calma do que entrou. Abel passou pelo controle da Polícia Federal e pelos raios X da fiscalização do aeroporto. Procurou o portão indicado em seu cartão de embarque e sentou-se próximo de onde iria embarcar. Teve vontade de ligar para Eleonora, mas deixara o celular em casa. Sentiu-se desconfortável por viajar sem se despedir da professora que o ensinara a falar o mínimo necessário de italiano em poucos meses. Eleonora sempre intrigou Abel. Ele nunca soube por que ela se mudara para o Brasil, e a achava uma figura andrógina, pois não usava nenhuma maquiagem ou bijuteria, mantinha os cabelos brancos sempre curtos e ainda ostentava um lenço vermelho no pescoço à moda John Wayne. Entretanto, a italiana sempre fazia questão de ter contato físico com seu aluno. Abraçava-o e beijava-o no rosto bem próximo de sua boca sempre que se encontravam.

Abel abriu sua mochila, tirou protetores auriculares e passou a usá-los. Como se estivesse assistindo a um filme mudo, observou os demais passageiros que estavam em seu entorno. A ausência de som aguçou sua visão. Notou, numa fileira de assentos ao seu lado, dois europeus loiros, repletos de tatuagens medonhas, que abriam seguidamente uma bolsa, tiravam garrafinhas de vodka e a bebiam em um só gole. Ao lado deles, um casal ítalo-brasileiro. Ele, um italiano branco, muito acima do peso e com mais de 60 anos. Ela, uma jovem e bela mulata usando um vestido curtíssimo. Os dois transpareciam satisfação no olhar. Em outra fileira de assentos, um homem com pouco mais de 50 anos, moreno, calvo, virava o pescoço para olhar todas as adolescentes que passavam em frente a ele. Ao lado dele, um jovem travesti lia um dicionário de italiano-português. "Meus coleguinhas de voo são do balacobaco. Siamo tutti peccatori ", pensou.

7

O sangue de Caim

Era uma manhã primaveril de sábado. À sombra de um majestoso Ipê-amarelo, Abel estacionou seu Gol na rua onde moravam os pais de Joana. Ele não tinha absolutamente nada para fazer. Costumava atender muitos clientes no sábado, mas, propositalmente, desmarcara todos os atendimentos naquele dia. Passaria o dia inteiro dentro do carro, se fosse necessário, mas queria desmascarar sua ex-mulher.

Por causa do filho, Abel aceitou que a separação fosse convertida de litigiosa para consensual. Concordou também em pagar uma pensão equivalente a vinte por cento de sua renda para o sustento do filho, desde que pudesse passar o domingo e os feriados com ele. Foi acordado ainda que Sol também ficaria com Joana, pois Francisco era muito apegado ao cachorro. Abel aceitou vender a casa, que ainda não estava quitada, e dividir o crédito com sua ex-mulher. Ele ficou surpreso por Joana ter se retirado da sociedade que mantinha com ele na clínica veterinária sem receber nada em troca. Na frente do juiz, ela comprovou que seus pais tinham doado o imóvel em que viviam para Francisco e afirmou que eles a sustentariam até o filho ficar mais velho, pois ela pretendia parar de trabalhar. "Puro teatro", pensou Abel durante a audiência.

Os pais de Joana moravam num imóvel bastante espaçoso em Laranjeiras. Chamavam-se Antonio e Teresa. Ele era formado em Letras e havia trabalhado como tradutor de inglês numa estatal durante boa parte de sua vida profissional. Ela era dona de casa. Além da ex-mulher de Abel, o casal tivera um filho que nasceu morto. Foi o pai de Joana que escolhera o nome da filha. Era devoto de Santa Joana D'Arc e leitor de Gustavo Corção e Nesta Webster. Seus ex-sogros já tinham mais de 60 anos e eram pessoas muito reservadas. Antonio usava um marca-passo no coração e, desde essa intervenção cirúrgica, tornara-se o tipo de homem que pagava para não se aborrecer. Abel sabia que os pais fariam qualquer coisa que Joana pedisse, inclusive fingir que ela estava morando no apartamento deles enquanto, de fato, passava a maior parte do tempo na casa de outro homem.

Após a venda da casa em que vivia com Joana e Francisco, Abel alugou um apartamento em Laranjeiras. Queria ficar perto do filho e observar a rotina da ex-mulher. Não nutria a esperança de uma reconciliação, mas dizia ao filho que a família voltaria a ficar reunida. Em um domingo em que fora buscar Francisco, ele notou que Sol não estava na varanda, local onde costumava ficar. Quando entrou no apartamento para buscar o filho, confirmou não só a ausência do Pastor Alemão, mas também de sua ex-mulher. Sabia que não adiantava perguntar nada a Antonio ou Teresa. Quando ficou sozinho com Francisco, obteve facilmente da criança a informação de que Joana nem sempre dormia em casa. Essa notícia trouxe de volta a sensação de ter o pescoço apertado por uma corda. Perguntou por Sol e soube que o cachorro havia sido levado para a casa do "tio Ulio". A corda no pescoço ficou ainda mais apertada.

Por volta do meio-dia, Abel se cansou de ficar sentado dentro do carro e saiu do veículo. Caminhou até uma banca de revista e comprou um exemplar do *Jornal do Brasil*. Parou num bar, tomou um café e puxou conversa com a atendente, uma jovem morena sorridente e extrovertida.

– Eu sou morador novo aqui no bairro – disse para a moça que lhe serviu o café.

– Laranjeiras é um bairro muito bom – comentou a atendente.

– Meu sobrinho mora naquele prédio – falou e apontou para onde moravam os pais de Joana. – Ele tem um Pastor Alemão. Acho que você já deve ter visto. O nome dele é Sol.

– Ah, sim. Eu não sabia o nome, mas via sempre um Pastor Alemão aqui na rua. Uma ruiva metida está sempre com ele. Se ela fosse morena, eu ia dizer que ela parece a rainha de Sabá das Laranjeiras. Um monte de homem olha quando ela desfila com o cachorro. Às vezes ela passa com um menino e às vezes com o cachorro. Deve ser o seu sobrinho, não é?

– Sim, é o meu sobrinho, e ela é a minha cunhada.

– Que família bonita! O filho é bonito, a mãe é bonita e o tio é bonitão.

Abel sorriu e aproveitou o gracejo da atendente.

– Que é isso? Bonitão é o meu irmão, que casou com aquela ruiva linda. Você já viu o meu irmão com a minha cunhada?

– Aquele homem não pode ser seu irmão – indignou-se a moça. – Ele é muito feio. Parece um Exu. A sua cunhada escolheu o irmão errado!

Bingo! Abel teve a confirmação de que "tio Ulio" frequentava o apartamento dos pais de Joana. Suspeitou de que fosse Júlio César, o advogado protestante que ia buscar Joana no curso de veterinária no primeiro ano da faculdade.

A atendente do bar continuou a falar, mas Abel não prestava mais atenção em nenhuma palavra. O mundo exterior lhe era indiferente. Só pensava na traição. Imaginou que Joana e Júlio César se encontravam nas vezes em que ele trabalhara até tarde da noite na clínica. O fato de o rival ser um homem feio aumentou sua raiva. Tentou imaginar em que ele lhe seria superior. O protestante era mais velho, feio, e, até onde Abel recordava, não era um advogado bem-sucedido.

Abel entrou no carro e continuou vigiando o prédio onde morava sua ex-mulher. Por volta das 13 horas, sua espera foi recompensada. Júlio César, dirigindo uma Harley-Davidson, subiu na calçada do prédio de Joana. Fazia cerca de oito anos que não o via. Próximo dos 40 anos, ele agora ostentava uma barriga proeminente e cabelos grisalhos, mas, por outro lado, tinha a postura de um homem bem-sucedido. Sorridente e altivo, Júlio César conversou com o porteiro do prédio enquanto esperava Joana descer do apartamento dos pais dela. "Agora ele tem dinheiro. Deve estar advogando pra bandido", pensou Abel. O que ele não sabia é que Júlio César tornara-se maçom um pouco depois do rompimento de seu relacionamento com Joana. Sua entrada na maçonaria abriu-lhe muitas portas. Muitos de seus irmãos maçons eram juízes e promotores, e ele passara a ser um advogado muito bem relacionado cujos clientes estavam muito satisfeitos. Ele continuava se declarando membro da Igreja Presbiteriana, mas diminuíra sua ida aos cultos e reduzira seu contato social com outros protestantes. Considerava muito mais interessante o que acontecia dentro da Loja Maçônica. Até então, ele havia conseguido esconder de sua namorada e, principalmente, de Antonio que era maçom. O pai de Joana exibia um cordão com um grande crucifixo no pescoço para fora da camisa e chamava os maçons de "demônios". Antonio gostava de relatar uma discussão que tivera com um maçom na qual o "demônio" tentara convencê-lo de que "Jesus Cristo era um bastardo que inventou ser filho de Deus por ter vergonha de não ser filho de São José".

Joana saiu do elevador. Sorriu ao ver Júlio César e beijou o novo amor. De longe, Abel assistiu impassível à ex-mulher subir na Harley-Davidson do namorado. O casal partiu e Abel o seguiu. Não perdeu de vista a moto e seguiu Júlio César e Joana pela Rua Cosme Velho até o Túnel Rebouças. Do Cosme Velho à Lagoa Rodrigo de Freitas, o túnel possuía cerca de dois quilômetros. Era um dia de sol, mas a escuridão momentânea na qual adentrou refletiu o estado de sua alma. Abel teve o desejo de provocar um acidente e esmagar o belo corpo de sua ex-mulher. Júlio César não dirigia em alta velocidade e não era difícil aproximar-se da Harley-Davidson. Chegou a pensar que ninguém conseguiria identificar seu carro se a colisão ocorresse dentro do Rebouças. Pensou em Francisco e conseguiu se conter. Por muito pouco, não deixou seu filho órfão de mãe.

Júlio César e Joana seguiram até a estrada das Canoas, no bairro de São Conrado. Abel continuou a segui-los. O maçom, agora, morava numa belíssima casa com vista para o mar e para a Pedra da Gávea. Ele parou a moto em frente ao portão de sua casa. Abel passou em frente à casa sem diminuir a velocidade em que dirigia, porém teve tempo de memorizar o número da residência, bem como sua fachada.

Voltou para o prédio onde morava. Parou seu Gol na garagem e ficou observando o crucifixo pendurado no retrovisor do carro. Ele se tornara católico praticante por causa de Joana, e acabou trocado por um protestante. De nada adiantou estudar a Bíblia, acompanhar sua mulher à missa e dar ao filho o nome do santo preferido dela. Ele arrancou o terço que estava enrolado no retrovisor e o atirou no chão do carro. Caim e Abel duelavam dentro dele, mas prevaleceu o sangue de Caim.

8

Um encontro marcado com Michelangelo

Havia um terço enrolado no retrovisor do carro que levou Abel do aeroporto Fiumicino até o hotel onde se hospedaria em Roma. O motorista chamado José era um cubano que vivia na Itália há mais de cinco anos. Abel conversou com ele em portunhol. José, um homem branco, forte, careca e aparentando mais de 30 anos, contou que foi garçom e agora fazia serviço de *transfer* para turistas. Muitas vezes acordava às quatro da manhã para pegar turistas no hotel e levá-los até o aeroporto, mas estava sempre contente e não reclamava da vida. Abel sentiu que aquele motorista era um bom presságio para sua estada na Itália.

Ficou hospedado em um hotel na Via Aurélia. Mesmo tendo dormido mal no avião, Abel não quis descansar. Após o *check-in*, deixou sua pequena mala no quarto, urinou, lavou o rosto e as mãos. Saiu apenas com sua mochila e desceu ao *lobby* do hotel, onde havia um computador disponível para os hóspedes. Acessou seu *e-mail* e escreveu uma mensagem para sua namorada dizendo que fizera boa viagem e não esqueceria de comprar o vinho que ela pediu.

Saiu do hotel segurando um mapa de Roma que o recepcionista lhe fornecera. Abel havia pedido ao agente de viagem para se hospedar em um lugar novo e próximo ao metrô. O hotel de fato era novo, porém a estação de metrô mais próxima demandava uma boa caminhada e se chamava Cornélia. O veterinário desconhecia a origem desse nome, e por isso não percebeu que era um segundo bom presságio.

Cornélia Africana entrou para a História como exemplo de uma mulher romana. Não quis se casar novamente após se tornar viúva, e testemunhou a morte violenta de seus filhos Tibério e Caio Graco, dois políticos que defenderam a plebe romana. Estoica e abnegada, Cornélia retirou-se de Roma após a morte deles, sendo respeitada até pelos senadores que foram inimigos de seus filhos. Além disso, Cornélia tem a mesma raiz da palavra coração, que, em latim, é *cor*. Para os romanos, *ricordare* era fazer passar novamente pelo coração, e Abel estava na Itália justamente por causa do que se passava em seu coração.

Saiu do metrô na estação Piazza di Spagna. A escadaria estava lotada de turistas sentados em seus degraus. Muitos tomavam sorvete naquele dia de verão. Abel retirou da mochila que carregava nas costas uma máquina fotográfica, mas só se animou a bater uma foto. Continuou pelo emaranhado de vielas até encontrar a Fontana di Trevi. Um cardume de turistas circundava a fonte mais famosa de Roma, e foi difícil encontrar um espaço livre para tirar uma foto. Decidiu esperar que o número de turistas diminuísse. Entrou no *Gelato* di San Crispino, comprou um sorvete de caramelo e pôde comprovar a fama do gelato italiano. Esse sorvete foi uma indicação de sua professora de italiano. "Tenho de levar alguma coisa pra ela", pensou enquanto saboreava o sorvete. Voltou à fonte e fotografou Netuno de vários ângulos, mas queria uma foto sua em frente à fonte. Perto dele, havia um brasileiro falando no celular e Abel não teve dúvidas em abordar o conterrâneo. Somente esperou que ele encerrasse a ligação.

– Com licença, você poderia tirar uma foto minha? – pediu, com um sorriso.

– Claro! – disse o brasileiro, que imediatamente pegou a máquina de Abel. – Acho que sei manusear. Horizontal ou vertical? – quis saber o brasileiro.

– Pode ser horizontal – disse Abel.

O brasileiro, um homem branco, de barba e cabelos castanhos, aparentando 40 anos, se distanciou um pouco de Abel e tirou duas fotos dele. Em seguida, devolveu-lhe a máquina.

– Obrigado! – falou Abel enquanto verificava se as fotos ficaram boas.

– De que cidade do Brasil você é? – perguntou o brasileiro.

– Rio de Janeiro.

– Eu já morei no Rio. Hoje estou em Curitiba – disse o brasileiro. – Meu nome é Luís – estendeu a mão, sendo cumprimentado por Abel. – Eu sou escritor.

– O meu é Abel. Eu sou veterinário.

– O que o traz a Roma? Veio ver o Papa ou só está fazendo turismo?

– Eu vim a Roma porque preciso ir a Assis. Era caminho. Então resolvi ficar três dias aqui. Eu não costumo viajar. É a primeira vez que visito a Europa – disse com certo constrangimento.

– Sua história deve ser interessante – falou o escritor, com genuína curiosidade. – É a primeira vez que converso com um brasileiro que está em Roma só porque é caminho para ir a Assis. Nem o Papa você faz questão de ver?

– Não. Eu quero ver a Capela Sistina, a Pietà, o Moisés, o Êxtase de Santa Teresa e o Coliseu, se der tempo de ver tudo isso. São só três dias. Depois eu vou pra Assis, que é a parte mais importante da minha viagem.

– Mas você é católico? – continuou Luís em seu questionário.

– Sim, mas eu não costumo ir à igreja. Às vezes eu visito a Igreja de São Francisco de Assis, mas nem sempre. É um pouco longe de onde moro. Prefiro rezar em casa.

– Que interessante! Você está parecendo um sedevacantista.

Abel olhou Luís de soslaio e arreganhou os dentes, deixando claro que não havia entendido o que seu interlocutor dissera.

– Olha, eu não me interesso por essas questões. Eu conheço a Bíblia, mas essas questões não me interessam. Nem um pouco. Meu avô estudava essas questões, mas nunca dei importância. Acho que você ia gostar de conversar com o meu avô. Ele dizia que a Igreja Católica tinha sido corrompida pela esquerda.

– Eu entendo. Por favor, não fique chateado com o que eu falei – disse o escritor, um pouco constrangido.

– Sem problema.

– Só mais uma pergunta, por favor. Por que você não costuma ir à igreja?

— Ah, eu tentei assistir a uma missa faz uns dois anos. Na hora da homilia, o padre resolveu dizer que apoiava uma greve de sei lá quem e deu a palavra pra um sindicalista falar mal de um monte de políticos. Eu me levantei e fui embora. Eu não suporto política.

— Mas é justamente o que o seu avô dizia pra você. É a Teologia da Libertação ao vivo e em cores – disse Luís rindo.

— Eu sei que não gostei. Perdi meu tempo. Eu tenho uma amiga que é muito politizada, mas não entendo metade das coisas de que ela fala. Prefiro fazer meditação a me preocupar com política.

— Entendo – concordou. – Mas eu admiro pessoas como você, Abel. A verdadeira Igreja é formada por cristãos como você.

— Eu não sirvo de exemplo pra ninguém – falou com absoluta sinceridade.

— Você se importaria de me dizer o que vai fazer em Assis? – falou Luís já sem nenhum constrangimento. – Desculpe perguntar isso, mas são os pecadores que me interessam. É sobre eles que eu escrevo – acrescentou, tentando se explicar.

— Vou atrás de um milagre, uma graça, uma intervenção divina – disse Abel num tom hesitante e após alguns segundos em silêncio.

— Eu espero que você consiga. Espero que São Francisco de Assis interceda por você, Abel – disse Luís.

— Obrigado.

— Você sabia que São Francisco morreu num sábado? – quis saber o escritor.

— Sabia. Foi um presente de Deus morrer no sábado. Achou que ia fazer uma pegadinha, não é? - falou, sem esconder a satisfação.

Luís riu.

– Eu estou impressionado. Hoje em dia acho que a maioria dos padres brasileiros não sabe que morrer num sábado é uma bênção.

– Ok. Preciso ir.

Abel se despediu de Luís e continuou seu passeio. A conversa com o escritor quase o aborreceu. Verificou seu mapa e viu que estava próximo da igreja Santa Maria della Vittoria. Entrou na igreja que, para sua surpresa, estava praticamente vazia, e então admirou, quase com exclusividade, o Êxtase de Santa Teresa D'Ávila. Tirou várias fotos da escultura e se lembrou das palavras de Aninha: "O êxtase sexual é somente uma sombra do êxtase espiritual".

Era fim de tarde quando saiu da Santa Maria della Vittoria. Ainda teve forças para ir até a Piazza di Santa Maria Maggiore, onde visitou a igreja com o mesmo nome. Admirou os belos mosaicos e rezou uma ave-maria em agradecimento por estar na Itália. O cansaço o venceu e estava com fome. Entrou no primeiro restaurante que encontrou ao sair da igreja. Simpatizou com o lugar, embora tenha notado que o cardápio estava traduzido para o inglês. Lembrou-se de que comera uma gororoba durante o voo e, desde então, só tomara um sorvete de caramelo. Pediu uma salada caprese e um linguine al pesto. Bebeu apenas água com gás. Depois pediu um café americano e um *cannolo* siciliano. Estava satisfeito. Enquanto terminava a sobremesa, lembrou-se de que, em Assis, a viagem seria bem diferente da que estava tendo em Roma. Agora só pensava num banho e na cama do hotel. No dia seguinte, tinha um encontro marcado com Michelangelo.

9

O oposto de uma graça

Abel era canhoto. Essa peculiaridade sempre lhe causou alguns incômodos, principalmente quando estudante, pois eram raras as carteiras com braço esquerdo. Esse desconforto passou do físico para o psicológico depois que estudou a Bíblia. Em Mateus, 25, Abel lera que, no Juízo Final, os condenados ficarão à esquerda, e os salvos, à direita de Cristo. Ele nunca entendeu por que a esquerda é o lugar escolhido para os condenados e chegou a pensar que o fato de ser canhoto pudesse interferir em sua salvação. Chegou a perguntar a um padre o significado do que estava escrito nessa passagem dos Evangelhos. Ouviu, como resposta, que havia dois ladrões à direita e à esquerda do Cristo crucificado e que somente o da direita se arrependera. Assim, a divisão entre arrependidos e impenitentes já começara no Gólgota.

Naquela noite, já deitado após um dia cansativo de trabalho, sentiu vontade de reler a história de Sansão e

Dalila. "Ele conseguiu se vingar, mas pagou com a própria vida. Tudo por causa de uma vagabunda", pensou após ler o relato bíblico. Em seguida, releu também a história do rei Salomão. "Outro que se fodeu por causa das mulheres", constatou. "O melhor ensinamento da Bíblia é que não se pode confiar nas mulheres. Já começou com Eva convencendo Adão a comer o fruto proibido", concluiu. "Se só existisse o Velho Testamento, eu podia me vingar", refletiu aborrecido.

Infelizmente para Abel e felizmente para milhões de pecadores, existia também o Novo Testamento. Abel sabia que não tinha o direito de tirar a vida de sua ex-mulher por mais raiva que sentisse e ainda que se referisse a ela com impropérios. Apesar de agora demonstrar descrença, ele conhecia a Epístola aos Hebreus e sabia que a vingança não lhe pertencia. Entretanto, o desejo de se vingar só aumentava dentro dele.

No domingo que se seguiu, apanhou Francisco no apartamento dos pais de Joana e subiu a Serra em direção a Petrópolis. Decidiu visitar o pai. Foram poucas as vezes que visitara sua terra natal desde o casamento com Joana. Sua ex-mulher não gostava da Região Serrana. Seu pai ficou viúvo e casara-se novamente com uma mulher mais jovem do que Abel.

O pai de Abel se chamava José Maria. Tinha 63 anos, não era alto como o filho, seus cabelos já brancos eram tingidos de castanho e usava dentadura. Seu rosto enrugado escondia uma alma jovial. Estava casado com uma mulher de 24 anos, de pouca instrução, que nunca saiu da Região Serrana. Seu nome era Joana. Essa aparente coincidência incomodou Abel quando o pai se casou pela segunda vez. Seu pai costumava brincar dizendo para o filho que "a sua Joana é muito melhor do que a minha". A mulher de seu pai era morena e de estatura baixa, mas, de modo algum, era feia. Muito pelo contrário. Joana falava muito pouco, porém demonstrava ser zelosa. Cuidava da casa e do pai de Abel. Só telefonava quando José Maria adoecia e, mesmo assim, não pedia nada. Sua intenção era apenas informar o estado de saúde do marido.

A casa de José Maria, em Petrópolis, situava-se no distrito de Correas. Era simples, mas confortável. Possuía três quartos e tinha uma vaga de garagem, onde ficava o fusca do pai de Abel. A vida austera de José Maria lhe permitiu manter o filho no Rio de Janeiro enquanto ele frequentou o curso de veterinária. O petropolitano aceitava estoicamente o fato de morar perto de um rio e de entrar água em sua casa quando chovia muito. Já havia perdido vários móveis em temporais de verão, e essa era a pior lembrança da infância de Abel, que chegou a ter mais da metade do corpo submerso pela água.

Abel chegou sem avisar. Levava Francisco no colo quando bateu na porta da casa de seu pai. José Maria levou um susto ao ver o filho e o neto.

– Vim fazer uma surpresa – disse Abel, sorrindo de orelha a orelha.

José Maria pegou Francisco no colo. Viu o neto quando nasceu e no dia do batizado. Desde então, nunca mais estivera com Francisco. Estava emocionado. Achava, porém, que o filho apenas estava ali porque foi abandonado por sua ex-nora.

– Por favor, entre – disse para o filho, entrando na casa e sendo seguido por Abel. – Joana, nós temos visita. Eles vão almoçar com a gente – falou para sua mulher, que estava na cozinha.

A mulher de José Maria saiu da cozinha e entrou na sala onde estava seu marido, seu enteado e o filho dele. Ela usava uma bermuda e uma camiseta branca curta que deixava à mostra sua barriga. Era difícil não notar que ela tinha um belo corpo. Sem graça com a visita inesperada e pelo modo como estava vestida, ela cumprimentou Abel em silêncio e sorriu para Francisco.

– O almoço está quase pronto – disse Joana, fitando o marido. – Se soubesse que tinha visita, preparava algo melhor.

– Não tem importância – falou Abel de modo sério. – Qualquer coisa serve.

– É galinha cozida com batata e arroz – explicou, agora olhando para Abel.

José Maria disse que o importante era a visita e o filho e o neto iriam gostar da comida de Joana. Ela voltou para a cozinha, deixando pai, filho e neto na sala. José Maria sentou-se no sofá com o neto.

Abel disse que iria ao banheiro e saiu da sala. De fato, ele usou o banheiro para urinar. Após, entrou no quarto do pai e abriu o guarda-roupa. Sabia que José Maria tinha um Taurus calibre 38 guardado em casa, mas não sabia onde. Vasculhou o móvel sem sucesso. Olhou, então, para a cama de casal e para os criados-mudos em volta dela. "Ele dorme com a arma perto dele", deduziu. Abriu o criado-mudo do lado esquerdo da cama, pois viu em cima dele um exemplar de Giselle, a espiã nua que abalou Paris. Tinha certeza de que era o de seu pai, e não o da mulher dele. Então, encontrou o que o fizera subir a Serra. Pegou o revólver e viu que estava carregado com seis balas. Escondeu a arma dentro da calça, ficando o cabo preso no cós à mostra. A camisa pra fora da calça de Abel, entretanto, deixava a arma praticamente imperceptível.

O almoço transcorreu tranquilamente. Abel elogiou a comida de Joana e Francisco comeu com a ajuda do avô, que desfiou a galinha para o neto e pacientemente amassou as batatas. Joana ainda fez um café e ofereceu bolo de aipim que fizera no dia anterior. Abel aceitou somente o café, mas Francisco comeu o bolo e gostou.

Abel saiu para caminhar por Correas com o pai e o filho. Joana não quis acompanhá-los com a desculpa de que precisava lavar a louça.

– Você não sente falta dessa tranquilidade? – quis saber José Maria, enquanto caminhava ao lado do filho.

– Às vezes – respondeu Abel friamente.

– Agora que você está divorciado, podia montar uma clínica aqui. O que acha? – disse José Maria, fitando o filho com um olhar esperançoso. – De repente, a sua próxima mulher está aqui em Petrópolis – emendou.

Abel olhou o pai de soslaio e arreganhou os dentes

– E eu vou ficar longe do meu filho? – disse Abel.

José Maria parou de caminhar e segurou o filho pelo braço.

– Abel, nós somos da Serra. Os cariocas são muito diferentes. Eles nos chamam de minhoca da terra. Volte pra casa, meu filho. Petrópolis é do lado do Rio. Você pode descer aos domingos pra ver o meu neto.

– Eu vou pensar.

Abel encurtou a conversa e se despediu do pai. Colocou o filho dentro do carro e partiu. Assim que se afastou da casa do pai, tirou o revólver da cintura e o colocou no porta-luvas. Francisco viu a arma e, em sua natural curiosidade, pediu: "Eu quero". Abel disse para o filho de três anos que iria comprar um revolver de brinquedo para ele.

Desceu a Serra contente. "Sansão se fodeu por causa de Dalila, o rei Salomão se fodeu por causa de 700 esposas e 300 concubinas, Adão se fodeu por causa de Eva, a mãe de todas as vagabundas, e eu me fodi por causa de uma ruiva falsificada", pensou enquanto dirigia. Seu desejo era o oposto de uma graça.

10

Abel e Joana

Abel acordou cedo. Após o banho, tomou café no hotel um pouco antes de 8 horas e às 9 já estava saindo do metrô na estação Ottaviano San Pietro. Andou pela via Ottaviano. Perdeu-se por algumas ruas até chegar à Via della Conciliazione e avistar a Praça e a Basílica de São Pedro, no Vaticano. Antes de atravessar a *piazza*, tirou mais de uma foto com a ajuda de um casal de brasileiros, que também pediu para que Abel o fotografasse.

Entrou na basílica. Contemplou a Pietà protegida por um vidro blindado. Era a primeira obra de Michelangelo que apreciava em Roma. Foi um bom começo. A Pietà foi justamente a primeira obra do escultor florentino a lhe render reconhecimento público. Foi também a única obra que Michelangelo assinou, já que nenhum artista tinha permissão da Igreja para assinar as obras encomendadas pelo clero, e essa ousadia poderia ter custado muito caro ao gênio.

Continuou sua visita pela basílica. Parou para admirar o baldaquino de bronze esculpido por Bernini. Não estava acostumado com esse excesso de beleza. Desde o dia anterior, estava exposto a algumas das obras mais belas que os artistas do Ocidente tinham produzido, e ainda havia muito o que admirar. Já tinha ouvido falar da Síndrome de Stendhal, porém não sentiu falta de ar, nem taquicardia. Chegou a pensar que não era merecedor de tanta beleza. Fez o sinal da cruz, rezou um pai nosso e saiu da basílica. Agora era a vez da Capela Sistina.

A fila para entrar nos Museus do Vaticano parecia interminável. Abel comprou um sanduíche e uma água com gás e os colocou na mochila. Pressentiu que perderia muito tempo esperando para ver a Capela Sistina. Estava certo. Depois de duas horas de espera, comeu o sanduíche e ainda estava na fila. Esperou mais uma hora e meia até conseguir entrar nos museus. Não tinha tempo suficiente para visitar todas as obras, e foi direto ao que era mais importante. Só pensava no que sua professora italiana lhe dissera sobre os afrescos. Parou diante do Juízo Final e então pôde constatar com os próprios olhos. Abaixo e à direita de Cristo, Michelangelo pintara um anjo segurando um livro pequeno. Já à esquerda ele havia feito outro anjo ostentando um livro grande. "No livro da direita, que é pequeno, estão os nomes dos salvos. No livro da esquerda, o grande, estão os nomes dos condenados", recordou o que Eleonora lhe falara. Essa pequena aula de História da Arte era um alerta de que sua missão em Assis seria difícil. Lembrou-se de sua mãe que, antes de morrer, pedira para receber a unção dos enfermos e lhe dissera para obedecer a seu avô. Ela ainda teve tempo de pedir perdão a Abel por ter desejado abortá-lo. Recordou que seu pai se disse amaldiçoado antes de passar para o outro lado. Seu pai que o visitava em sonhos e lhe pedia socorro. Essa lembrança o deixou angustiado e com a boca ressecada. Tentou olhar para os afrescos que retratavam passagens do Velho Testamento. Observou a Criação de Adão e a Criação de Eva, mas sua visão teimosamente insistia em retornar para o Juízo Final. Admirou, ainda, o Dilúvio e a Embriaguez de Noé, e novamente seu olhar voltou-se para os dois livros pintados por Michelangelo. Abel saiu da Capela Sistina e abriu sua mochila. Bebeu toda a água que estava na garrafa. Não queria e não tinha condições de ver outra obra de arte.

Saiu dos Museus do Vaticano ainda em estado de choque. Parou numa loja perto da praça, comprou vários pacotes de velas brancas e os guardou na mochila. Mesmo cansado pelo tempo que passara em pé na fila, decidiu caminhar até o Castelo Sant'Angelo. Esqueceu, momentaneamente, os mortos e andou entre os vivos.

Entrou no castelo. Abel não sabia, mas estava num lugar que sua namorada gostaria de visitar, embora ela rejeitasse a possibilidade de colocar os pés na Itália. A ópera preferida de Samira era *Tosca*, que terminava com o suicídio da heroína no Castelo Sant'Angelo. Enquanto estava no castelo, admirou a visão que tinha da Basílica de São Pedro e do Rio Tibre. "Roma, em Etrusco, significava água", lembrou-se de outro ensinamento de sua professora de italiano. De fato, Roma devia sua existência ao Rio Tibre, e o nome que recebera era mais do que apropriado. Era um sinal de reverência da cultura etrusca a esse misterioso elemento, capaz de desafiar a gravidade e de se mover em todas as direções. "A sabedoria é como a água que se desvia de um obstáculo quando o encontra", pensou nas palavras de Aninha, que pedia para seu grupo de meditação só beber água antes de se reunir.

Já estava no fim da tarde e ainda queria visitar a Piazza Navona. Estava com fome. Seu almoço tinha sido o sanduíche que devorara enquanto esperava para ver a Capela Sistina. Era início da noite quando chegou ao endereço da embaixada brasileira em Roma. Com a ajuda de outros turistas, tirou fotos em frente à Fontana del Moro e à Fontana dei Quattro Fiumi. Depois caminhou até o Pantheon. Era noite e o templo já estava fechado para visitação. Conformado, Abel contentou-se em tirar uma foto em frente a ele. Conseguiu que um casal de uruguaios registrasse sua passagem em frente à construção reerguida por ordem do Imperador Adriano. Jantou num restaurante próximo do Pantheon em meio a dezenas de outros estabelecimentos. Pediu água com gás e comeu sua primeira pizza na Itália. Fez questão de pedir para o garçom tirar uma foto antes de iniciar o jantar. "Scusi, mi potrebbe aiutare? È solo una foto", sorriu e conseguiu que o garçom tirasse seu retrato.

Seu segundo dia de viagem estava terminando. Pensou em seu avô, que o matriculou num colégio católico e lhe ensinou a rezar. Abel estava presente quando ele faleceu após sofrer seis paradas cardiorrespiratórias sucessivas, e fez questão de ler o conto "Os Mortos", de James Joyce, no hospital diante do corpo do avô, que tinha o hábito de reler essa história na noite de Natal e adorava seu desfecho. Da janela, o protagonista, após descobrir que outro homem morrera por causa de sua mulher, observava a neve cair, indiferentemente, sobre os vivos e os mortos, enquanto sentia sua alma desmaiar. Abel era muito jovem quando leu esse conto e, até então, não sabia o que era sentir-se menosprezado e humilhado pelo objeto de sua afeição. Quando, mais velho, passou a conhecer esse sentimento, ele entendeu o desejo de morrer do protagonista e por que seu avô se emocionava tanto com a descrição desse estado de alma.

    Pensou também no frei Giancarlo, seu professor de religião no colégio São Bento. Era um italiano de Turim, um homem alto, de cabelos brancos, com olhar cansado e triste. Mais de uma vez, o frei o pusera de castigo por bater em outros colegas e telefonara para seu avô relatando o ocorrido. Em outra ocasião, Abel havia esquecido o nome do arcanjo que aparecera para a Virgem Maria, e teve de escrever "Arcanjo Gabriel" em toda a lousa. "Frei Giancarlo também já deve ter morrido", pensou. Sentia-se em dívida tanto com seu avô como com o frei que lhe ensinara religião. Entretanto, ele estava na Itália por causa da dívida de seu pai. O nome completo de Abel era Francisco Abel Barros de Oliveira. Seus pais se chamavam Abel e Joana.

11

Francisco

Abel abriu uma gaveta no armário do banheiro e tirou sua aliança de casamento. Fitou-a por alguns segundos. Era o único objeto de ouro que ele havia conseguido comprar. Por algum motivo que ele ignorava, o ouro sempre lhe fascinara. Desde a época de universitário, no Rio de Janeiro, Abel tinha o hábito de ficar parado em frente à vitrine de joalherias contemplando as joias feitas de ouro. Quando uma cliente entrava em sua clínica usando uma joia dourada, seus olhos brilhavam. "É de ouro?", perguntava apontando para a joia. Se a resposta fosse negativa, ele ficava desapontado. "Ah, não é de ouro", falava na frente da cliente sem nenhum receio. No entanto, quando a resposta era positiva, o veterinário, mais de uma vez, aproximara seus olhos do metal que o hipnotizava e, às vezes, chegara até a constranger suas clientes com a excessiva proximidade física.

Abel colocou a aliança sobre a cama ao lado do Taurus e foi tomar banho. A água limpou somente o seu corpo. Assim como um sepulcro caiado, fez a barba, perfumou-se, vestiu-se e, por fim, enfiou no dedo anular esquerdo a aliança de casamento. Sentou-se na cama ao lado do revólver. Era incapaz de pensar no filho. O ódio e a humilhação cegaram-lhe a razão. Ele sempre soube que a gravidez foi o que motivou o casamento e que Joana quase decidiu fazer um aborto antes de aceitar se casar. Ele sabia também que devia ao ex-sogro ter conseguido se casar com a mulher que amava, pois Antonio, um homem religioso, não admitiu em hipótese alguma que sua filha interrompesse uma gestação. Porém não esperava que Joana lhe falasse, explicitamente, que casar com ele fora uma obrigação e, praticamente, um castigo. Abel colocou o Taurus dentro da calça e saiu. Era domingo, o dia do Sol.

Ele entrou no apartamento dos pais de Joana para apanhar Francisco para o passeio semanal. A porta foi aberta por Teresa, que lhe ofereceu um café enquanto terminava de vestir Francisco. Abel recusou a bebida. Antonio estava na sala lendo jornal e parou de ler para cumprimentar o ex-genro. Ele sabia que Joana e Sol não estavam no apartamento, e não ousou fazer perguntas. Antonio e Teresa também evitavam tocar no nome de Joana na frente de Abel e agiam como se a ausência da filha e do cachorro fosse algo natural. Teresa saiu da sala. Abel aproximou-se do ex-sogro, que continuava lendo o jornal.

– Como foi a missa? – perguntou, fingindo interesse.

– Muito boa. Graças a Deus, aqui na paróquia não temos ainda um padre de passeata – respondeu Antonio.

– E o Zico? Continua achando o Galinho o máximo depois de perder a Copa?

— Foi uma pena. O Zico merecia ser campeão do mundo. Foi uma grande injustiça – disse com resignação.

Abel tirou o revólver da cintura e o apontou para Antonio.

— O mundo é feito de injustiças. Cadê a Joana?

A expressão de pavor do pai de Joana diante da arma não fez Abel hesitar nem por um segundo. Ao contrário, somente aumentou sua confiança.

— Eu não sei – respondeu Antonio, num tom hesitante.

Abel puxou o ex-sogro pela camisa, fazendo-o levantar-se do sofá.

— Eu sei de tudo. Eu vi a sua filha com o Júlio César, aquele protestante que o senhor não suportava. Agora ele está rico e eu aposto que o senhor deve ter começado a gostar dele.

— Isso não é verdade, Abel. Eu acho muito esquisita a forma como ele enriqueceu. Eu rezo pra que você e a minha filha se reconciliem. É só o que eu posso fazer. Eu só penso no bem do meu neto. Por favor, abaixe essa arma. Eu sou um homem doente e você é o pai do meu neto.

O pedido de Antonio não comoveu Abel.

— Eu quero que você ligue pra casa do Júlio César e peça pra falar com a Joana. Eu quero que você diga que o Francisco acordou chorando e chamando pela mãe. Eu quero que você diga pra ela voltar pra casa.

— Mas ela vai dizer que hoje é o seu dia de ficar com o Francisco – rebateu Antonio.

Teresa entrou na sala com Francisco e gritou ao ver o marido com uma arma na cabeça. Num ato reflexo, ela tapou os olhos de Francisco para que não visse essa cena.

– Teresa, obedeça ao Abel. Faça tudo o que ele mandar. Tire o Francisco da sala, mas não tente usar o telefone do quarto. Nós vamos resolver isso da melhor forma possível. Ele só quer ver a Joana – disse Antonio, tentando manter a calma.

- Ouça o que seu marido falou. É melhor a senhora não demorar no quarto. É só deixar o meu filho e trancar a porta pra que ele não saia – falou friamente, mantendo o revólver apontado para o pai da mulher com quem ele fora casado.

Teresa saiu da sala com o neto e rapidamente retornou sem ele.

– Agora você vai ligar pra Joana. Vai falar o que eu mandei e ainda que eu telefonei dizendo que estou muito gripado e que não vou pegar o Francisco hoje.

Antonio ligou para a filha e disse exatamente o que Abel ordenara. Joana não desconfiou de nada, mas pediu para o pai levar o filho até São Conrado. Ela estava na piscina e convidou os pais para passar o dia com ela. Disse que estava somente com Sol, pois Júlio César saíra para atender a um cliente que estava numa delegacia. Antonio não conseguiu convencer sua filha a voltar para Laranjeiras, e aceitou levar o neto até a casa de Júlio César.

Abel não desistiu diante do obstáculo que surgira. Falou para o ex-sogro que os dois iriam juntos para São Conrado no carro dele. Em seguida, cortou os fios do telefone do apartamento de Antonio e Teresa e trancou sua ex-sogra e seu filho dentro do apartamento. Antes de sair com Antonio, ameaçou Teresa: "Não tente fazer nenhuma besteira. Não tente chamar nenhum vizinho".

Entraram no carro de Antonio, um Dodge Dart branco, e seguiram para São Conrado. Durante o trajeto,

Abel manteve-se em silêncio. Antonio tentou conversar dizendo que ainda havia tempo de se arrepender, mas o veterinário o mandou ficar em silêncio.

Joana saiu da piscina, quando viu o carro de seu pai se aproximar do portão. Ela havia colocado um aparelho de som no jardim e ouvia uma fita cassete com músicas da Rita Lee. Uma das canções ouvidas naquela manhã de domingo fora "Ave, Lúcifer", que terminava com as frases "Tragam Lúcifer pra mim/Em uma bandeja pra mim". Júlio César gravara as canções da fita e a dera de presente para a namorada. A mãe de Francisco usava um maiô vermelho e, ainda molhada, se aproximou da entrada da casa. Sol dormia na sala de estar. Joana permitia que o cachorro dormisse até no tapete do quarto do casal, embora seu namorado, às vezes, reclamasse desse fato. Despreocupadamente, ela abriu a porta antes que a campainha tocasse e se deparou com seu ex-marido ao lado do seu pai. Abel havia escondido a arma dentro da calça e ordenou que Antonio fingisse naturalidade.

– Vim fazer uma visita – disse Abel.

– Ele quer conversar com você, minha filha. Por favor, aceite conversar com ele – pediu Antonio num tom extremamente humilde.

– Por que você trouxe ele aqui, pai? Você me traiu – queixou-se. – Cadê o Francisco?

– Ele ficou com a sua mãe. Nós gostaríamos de entrar. Vai deixar o seu pai parado na porta? – falou Abel calmamente.

– Você tem cinco minutos pra falar o que você quiser e depois ir embora – disse e virou as costas, caminhando para o jardim.

– Minha filha, ele está armado – falou Antonio. – Ele apontou uma arma pra mim, ameaçou a Teresa e me obrigou a trazê-lo até aqui.

Joana virou-se assustada para Abel e olhou dentro dos olhos dele. Ela viu seu ex-marido dar uma cotovelada no rosto do seu velho pai, derrubando-o no chão e depois sorrir para ela como se a tivesse presenteado com flores. Ela tentou correr para dentro de casa, mas foi atingida nas costas por um tiro que lhe perfurou um dos pulmões. Caiu próximo da porta de casa. Abel aproximou-se da ex-mulher e começou a tirar o seu maiô. Pretendia vê-la nua pela última vez e enfiar a arma dentro de sua vagina para disparar o segundo tiro. Foi impedido por Sol, que saiu de dentro de casa e arreganhou todos os dentes para ele. Abel manteve-se calmo e não acreditou que o cachorro que dera de presente para seu filho pudesse atacá-lo. O Pastor Alemão avançou sobre ele sem hesitar e abocanhou o braço esquerdo do veterinário, justamente o que ele usava para pegar o bisturi. Antonio levantou-se e viu Sol fazer o que ele não conseguira. Entrou dentro da casa e ligou para a polícia. Mal encerrou a ligação, ele ouviu um segundo tiro e o ganido do Pastor Alemão. Saiu da casa e viu sua bela filha deitada, seminua, perdendo sangue e chorando. Ao seu lado, Sol, também ferido por um tiro em uma das patas traseiras. De joelhos e cabeça baixa, Abel, o homem que lhe dera um neto, tinha o braço esquerdo em carne viva e dois dedos da mão esquerda decepados: o mínimo e o anular, que ostentava sua aliança de casamento. O pai de Joana pegou o revólver, que estava ao lado do corpo de Sol, sem que Abel esboçasse nenhuma reação. Sentiu-se um covarde por não conseguir defender a própria filha. Pensou que poderia ter causado um acidente de trânsito enquanto conduzia Abel até São Conrado e impedido que aquele crime se consumasse. Antonio sabia que aquele domingo havia determinado o futuro de seu neto, e se considerava o principal culpado por isso. Ele acreditava em pecado hereditário e, por mais que tivesse esperança na misericórdia divina, sabia que as consequências da ação de Abel recairiam sobre uma criança de três anos. Naquele momento ele tomou para si a responsabilidade pela criação de Francisco.

12

Voglio lasciare la mia anima in Assisi

Em seu último dia em Roma, Abel acordou mais tarde e quase perdeu o café do hotel. Pegou o metrô e desceu na estação Termini, onde comprou o bilhete para Assis. Ficou admirado com o tamanho e a limpeza da estação de trem. Contente, fotografou seu bilhete para Assis. Em seguida, voltou para o metrô e saiu na estação Colosseo. Fotografou-se em frente ao anfiteatro, mas não gostou do resultado ao vê-lo. Novamente foi salvo por outro turista brasileiro, que gentilmente tirou seu retrato. Aninha o alertara de que muitas pessoas se sentiam mal dentro do Coliseu, e ele teve o cuidado de se vestir de preto nesse dia. O receio de que essa visita lhe causasse um dano espiritual o fez se proteger. Sua amiga que morou na Índia lhe ensinara o significado das cores. O preto era um escudo que selava os chakras e protegia uma pessoa de se contaminar com a energia de outras. Depois que Aninha lhe ensinou a usar o preto em determinadas situações, Abel passou a observar que judeus ortodoxos e muitos padres só se vestiam de preto. Desde então, ele sorria sempre que via um religioso com roupa preta, e se lembrava de sua amiga.

Abel passou cerca de meia hora dentro do Coliseu. Dispensou a visita guiada e tirou mais fotos do lugar. Ele sabia que se tratava de um palco para carnificina de homens e de animais que fora fechado depois que os cristãos se tornaram maioria dentro do Império Romano. O Coliseu fez Abel lembrar-se do Maracanã. Seu avô o levara ao estádio quando criança para ver o Zico jogar. "Entre o Coliseu e o Maracanã até que a gente melhorou um pouquinho", pensou. Abel ainda torcia para o Flamengo, porém não frequentava mais os estádios.

Saiu do Coliseu e caminhou até o Arco de Constantino. Novamente lembrou-se de seu avô. "Nunca esqueça que os cristãos foram perseguidos durante 300 anos. Só no reinado de Constantino cessou a perseguição", "Tenha sempre em mente que a Terra é mais parecida com o Inferno do que com o Céu", foram palavras de seu avô ao menino Abel. É claro que ele fotografou o Arco de Constantino.

Seguiu para o Palatino. Tirou algumas fotos. Nada no lugar o atraiu, exceto as ruínas da Casa das Vestais. Seu avô lhe ensinara que as sacerdotisas romanas eram virgens sagradas. "Eu gostaria de ter conhecido uma vestal", pensou. Depois seguiu para seu último encontro com Michelangelo.

Desceu do metrô na estação Cavour. Era fim de tarde quando chegou à igreja San Pietro In Vincoli e encontrou-a quase vazia. Sentou-se num banco e pôde contemplar o último trabalho de Michelangelo que veria na Itália. Abel sabia que Moisés se exilara no deserto aos 40 anos de idade, após cometer um homicídio, e retornara ao Egito para se tornar o herói do povo hebreu. "Até os profetas eram pecadores", refletiu. Aproximou-se da estátua e não gostou de ver o profeta esculpido com corpo de halterofilista. "Dá para entender que ele fizesse Davi como um cara fortão, mas Moisés já era velho quando saiu do Egito e não podia ter esse corpo", pensou. Admirou os "chifres" de Moisés. Eleonora já lhe explicara que eram raios, e não chifres.

Caminhou sem pressa em direção ao hotel após sair da estação Cornélia. Parou numa loja de conveniência onde comprou uma garrafa de água mineral de 1,5 l e a guardou na mochila. Entrou no hotel e usou o computador disponível para os hóspedes. Havia *e-mails* de Samira, Aninha e Eleonora. Respondeu às mensagens de Samira e Eleonora de forma curta, dizendo apenas que estava gostando da viagem. Para Samira, acrescentou que não havia Skype no computador do hotel e os hóspedes tinham um tempo limitado para usá-lo. Em relação a Eleonora, agradeceu as aulas de italiano e contou que já estivera na Capela Sistina. Já para Aninha escreveu um *e-mail* com as seguintes palavras:

"Querida Aninha,
Amanhã sigo para Assis. Estou fazendo tudo do jeito que você me orientou. Não comi carne nem bebi álcool durante a viagem e tenho tentado restringir a minha fala ao necessário. Comprei velas brancas, vou usar branco e irei abençoar a água que vou consumir durante o jejum, conforme você me ensinou.

Espero que o cálculo que você fez esteja certo e que minha esperança não seja vã. Já faz uma semana que sonhei a última vez com meu pai. Aqui na Itália não me lembro de ter sonhado, porém acho que recebi um bom presságio logo que cheguei a Roma.

Vou ficar incomunicável durante quase todo o período em Assis. Não sei se é impossível o que vou pedir, mas os milagres servem justamente pra realizar aquilo que parece impossível aos nossos olhos. Meu avô sempre falava que o pecado é hereditário e que o sacrifício de Cristo não aboliu essa lei de Deus. Você sabe que eu acredito nisso. Por uma questão de justiça, eu também acredito que o perdão possa ser hereditário. Eu tenho o nome, o sangue e a aparência do meu pai.

Reze por mim.
Um beijo,
Abel"

Após um banho, jantou numa pizzaria ao lado do hotel. Sentiu vontade de pedir pizza com presunto de Parma, mas teve de se contentar uma Margherita. Ele havia lido que essa fora a primeira pizza com queijo inventada e que o manjericão, o tomate e o queijo muçarela simbolizavam as cores da bandeira italiana. Eleonora havia lhe confirmado essa informação.

Voltou para o quarto do hotel. Sentou-se na beira da cama após vestir o pijama. Pensou em seu pai. Na última vez em que estiveram juntos ele lhe disse que não havia se arrependido de ter tentado matar sua mãe. Contou ainda que o segundo marido de Joana ameaçou amaldiçoá-lo, porém não sabia se Júlio César havia feito o ritual que prometera. "De qualquer jeito, eu acho que já nasci amaldiçoado. Você foi a única coisa boa que eu fiz". Abel jamais esqueceu dessa confissão. Deitou-se, mas não conseguiu dormir. Passou a noite inteira acordado e recitou o Cântico ao Irmão Sol quando viu o dia amanhecer da janela do seu quarto em Roma. "Voglio lasciare la mia anima in Assisi", pensou.

13

Irmão sol

Da janela do seu quarto no hospital, ele viu o pôr do sol e percebeu que o ambiente começava a escurecer. Abel levantou-se da cama e acendeu o interruptor de luz que ficava ao lado da porta. Ele estava praticamente recuperado. Somente o dedo anular pôde ser reimplantado. O estrago que Sol fizera nas artérias do dedo mínimo o tornou irrecuperável. O cirurgião não assegurou a recuperação da sensibilidade e recomendou um tratamento fisioterapêutico. As lesões no braço, que ainda estava enfaixado, foram tratadas sem que houvesse necessidade de enxerto. Apesar de preso em flagrante, não ficou na cadeia um dia, em razão da lesão que Sol causara em seu corpo. Estava vivo, mas preferia ter morrido. Sua intenção era se matar após pôr fim à vida de Joana, e jamais imaginara receber uma segunda chance por causa da atitude de um Pastor Alemão. Ele enxergava como um castigo o fato de permanecer vivo, em vez de percebê-lo como um recomeço.

O quarto de Abel no hospital era vigiado por um policial civil. Isso não impediu Júlio César de corromper uma alma para poder ficar sozinho com o seu rival e agora inimigo figadal. O medo da própria reação fez o maçom ir ao hospital acompanhado de dois irmãos. Foi essa trindade vestida de terno preto que adentrou o quarto do veterinário quando ele estava dormindo. Os dois maçons que escoltavam Júlio César eram homens de mais de 40 anos. Um branco, grisalho e forte. O outro, moreno, careca e magro.

– Acorda, filho da puta! – disse Júlio César de pé e curvado, estando bem próximo do rosto do veterinário.

Abel abriu os olhos e se assustou. Manteve-se em silêncio.

– Tomou um susto, filho da puta!

O silêncio persistiu, porém Abel fitou firmemente o advogado.

– Eu sei que você vai responder o processo em liberdade. Eu costumo tirar da cadeia filhos da puta como você, e sei como as coisas funcionam. Nem com a minha influência eu consigo manter você preso, e olha que eu conheço muita gente no Judiciário. O seu paizinho deve ter hipotecado aquela casa de pobre que ele tem na roça pra poder pagar o advogado que ele arranjou pra você – falou, começando a se exaltar.

Abel cuspiu no rosto de Júlio César. O maçom limpou-se com uma das mãos, sentou-se na beira da cama e espalhou o que recebera na cara de quem o expeliu. O veterinário começou a gritar por socorro, e Júlio César tapou-lhe a boca. Os dois maçons entreolharam-se e o grisalho se aproximou do advogado. Até então eles tinham se mantido próximos da porta do quarto.

– Irmão, vamos embora. Já chega – falou para Júlio César.

– Eu ainda não terminei – respondeu sem olhar para o maçom e mantendo a mão na boca de Abel. – Eu acho que você não sabe com quem se meteu. Eu pertenço à maçonaria, seu filho da puta, mas duvido que você saiba o que isso significa. Você é só um veterinário que saiu da roça e que teve a chance de engravidar uma mulher como a Joana. Ela só me deixou por causa do pai dela, aquele papa-hóstia. Aquele velho é doido. Ele odeia Lutero e Calvino e culpa Lutero pelo capitalismo, pelo nazismo e até pela invenção do McDonald's. Já você foi mais esperto e virou papa-hóstia também. Só que você se fodeu. Sabe por que você se fodeu? Porque fui eu que tirei a virgindade dela. Foi por isso que a Joana voltou pra mim. Não foi só porque agora eu tenho dinheiro. Isso ajudou, é claro, mas eu ter sido o primeiro homem dela ajudou muito mais.

– Irmão, você não precisa falar isso – voltou a se manifestar o maçom grisalho.

– Só mais um minuto, irmão – falou, sem tirar os olhos de Abel. – Você sabia que eu sei fazer magia? Eu podia evocar o anjo da morte pra você, se eu quisesse.

Abel arregalou os olhos.

– Eu sei que, mais cedo ou mais tarde, isso teria um preço, mas a vontade que eu tenho de ver você morto é muito grande.

O outro maçom também se aproximou da cama e os dois convenceram Júlio César a silenciar e sair do quarto do hospital imediatamente. O advogado obedeceu aos seus irmãos e se afastou de Abel. Antes de sair, porém, olhou novamente para o veterinário e simulou um coito.

– Fui eu que tirei a virgindade dela – e saiu do quarto com um sorriso debochado, acompanhado pelos membros de sua irmandade.

Abel já sabia que seu pai contratara um advogado para evitar que, ao sair do hospital, ele tivesse de ir para a cadeia. O defensor garantiu que ele responderia ao processo penal em liberdade por ser primário e ter bons antecedentes. José Maria estava determinado a levá-lo para Petrópolis, e as circunstâncias em que Abel se encontrava não lhe permitiam dizer não. Ele soube, por intermédio de seu genitor, que Joana também fora operada e não corria risco de morte. Mas não sabia o que tinha ocorrido com o irmão Sol.

14

Sorella luna

Saiu em jejum do hotel em Roma. Nem água havia consumido. A viagem de trem para Assis durou duas horas e meia, e Abel passou o tempo lendo seu livro de salmos. Ele sabia que São Francisco de Assis havia recitado o salmo 141 antes de morrer.

 Por volta das 13 horas, ele desembarcou na estação Santa Maria degli Angeli, distante cerca de cinco quilômetros do centro medieval de Assis. Esperou quase meia hora por um ônibus que o levou até a cidade medieval em pouco mais de 20 minutos. Caminhou com a mochila nas costas e carregando sua mala até a Via Frate Elia, onde estava o seu hotel. Por fora, era uma construção medieval, mas era moderno e confortável interiormente. A basílica de São Francisco de Assis estava bem próxima dele. Ao fazer o *check-in*, Abel pediu para não ser incomodado durante toda a estada. Disse que dispensava o café e o serviço de quarto, pois passaria os três dias jejuando.

"Digiuno per tre giorni", admirou-se a recepcionista, sem que ele respondesse ao comentário. Depois de assinar a ficha de hóspedes, ele pediu e conseguiu um isqueiro da funcionária do hotel.

Entrou no quarto e largou sua mala e sua mochila no chão. O local era branco, e isso lhe agradou. Olhou para a cama de casal e para o piso laminado de madeira. Aninha o proibira de dormir na cama. "Maior o fardo, maior a glória", foi o conselho da astróloga. Abriu a janela do quarto para ver o Sol e calcular para que lado estava o Leste. "Reze de frente para o Leste, o ponto onde nasce o Sol. Você já notou que as religiões acompanharam a rota do Sol? Do Extremo Oriente para o Oriente Médio. Depois do Oriente Médio para Europa. Hoje o Sol brilha sobre a América", foi o ensinamento que Abel recebeu.

Abel tomou banho. Saiu do banheiro nu e contemplou a calça, a camisa e a cueca brancas que iria usar. "São Francisco pediu para ser enterrado nu. Ele seguiu o conselho de Jó: 'Nu saí do ventre de minha mãe e nu voltarei. O Senhor deu, o Senhor tirou: bendito seja o nome do Senhor'", pensou.

Vestiu-se de branco. O livro de Salmos estava sobre a cama, mas o salmo 141, do rei Davi, ele sabia decorado. Tirou da sua mochila o terço de madeira que pertencera a seu pai, um lenço branco, os pacotes de velas brancas que havia comprado em Roma, três pequenos porta-velas de vidro que trouxera do Rio de Janeiro, uma garrafa de água mineral e o último retrato que tirou de seu pai. "Não existe nada oculto que não possa ser revelado, meu querido. Eu vou ensinar você a ser o seu próprio sacerdote", prometera sua mãe espiritual. Ela cumpriu a promessa. Abel segurou a garrafa de água mineral com as duas mãos e fez a benção que Aninha lhe ensinou: "Bendito é o Senhor, Nosso Deus, Rei do Universo, que se manifesta no mundo visível através da água. Abençoai, Senhor, esta água que irei usar para implorar o perdão dos meus pecados e os do meu pai e, humildemente, peço a proteção da vossa graça". Pegou um copo plástico fornecido pelo hotel e bebeu um gole da água que ele mesmo abençoou. Deixou a garrafa sobre o criado mudo e começou a montar o altar do jeito que sua amiga o orientou.

"Você vai improvisar um pequeno altar sobre a mala. Vai deitar a mala no chão voltada para o Leste e vai cobri-la com um lenço branco. Em seguida, vai montar um triângulo com as velas brancas e colocar a foto do seu pai no meio do triângulo. No verso da foto, tem de estar escrito um pedido para que São Francisco de Assis interceda pela alma do seu pai perante Jesus Cristo. O nome do seu pai tem de estar completo. Antes de acender as velas, você vai dizer que elas são para o Pai, a Mãe e o Filho Primogênito, o Logos, e vai rezar um pai-nosso e uma ave-maria. Existe um simbolismo astrológico nas três velas, e eu vou explicar isso pra você. Em astrologia, os três são representados por Saturno, Vênus e Sol. Saturno representa o intelecto, a faculdade de pensar. O intelecto não é apenas a razão. É superior a ela. A razão define e limita o objeto. Já o intelecto permite o acesso ao conhecimento suprarracional. Vênus é a imaginação. Em grego, essa palavra significa 'fantasia'. É a faculdade pela qual se percebe uma imagem, que, em grego, se chama 'fantasma'. A alma nunca raciocina sem uma imagem. A imaginação é um meio, não um fim. Ela serve de ligação entre o mundo sensível, limitado pela razão, e a realidade suprarracional, acessível somente pelo intelecto. O sonho é a união entre o intelecto, a razão e o coração e é o melhor exemplo de como essas faculdades são unidas pela imaginação. É por isso que o seu pai aparece em sonhos pra você e lhe pede socorro. Você pode subir ao Céu quando sonha e também pode descer ao Inferno. O espírito é uma árvore. As raízes estão no Céu e a copa, no Inferno. Os grandes místicos – São Francisco de Assis foi um dos maiores que existiu – conseguiram dominar a imaginação através da meditação, experimentaram acordados a união entre intelecto e coração e assim voltaram às suas próprias raízes. A essa união os filósofos gregos chamavam de *gnosis*. Eles conheceram o amor divino, o êxtase espiritual. O Sol está para os outros planetas como o coração para as demais faculdades. Do Sol emana luz. Do nosso coração também emana luz espiritual. Ocorre que a natureza solar do coração é o oposto do caráter frio de Saturno. A relação entre Sol e Saturno é a mesma que existe entre o coração e o intelecto, entre o Filho Primogênito e o Pai. O filho é educado pelo pai. Por isso o pai precisa ser severo e frio, pois o filho é impulsivo e explosivo. Dentro de cada ser humano existe a mesma oposição entre Sol e Saturno. A alma precisa controlar sua impulsividade, seu coração, o seu Sol. Após, a alma precisa lutar para superar a própria imaginação, Vênus, e conhecer sua verdadeira natureza, seu intelecto, feito à imagem e semelhança de Saturno. Já a Lua Cheia é a que mais reflete a luz do Sol e o signo de Leão, o seu signo, é regido pelo Sol. A Lua Cheia de Leão estará em Aquário, e é ideal para que você peça perdão pelo seu pai. Você terá a energia do Sol e da Lua no grau máximo e por isso você deve ir a Assis nessa lunação. O ápice da Lua Cheia de Leão simboliza ainda o casamento entre o Sol e a Lua. Saturno e Vênus se uniram e geraram o Sol e a Lua, nossos irmãos mais velhos. Eles repetiram essa união e geraram Adão e Eva. Você nasceu justamente na noite em que o Sol e a Lua comemoram essa união. Os seus pais espirituais são o Sol e a Lua, e você precisa deles para ajudar o seu pai biológico. Você ainda terá a intercessão de São Francisco de Assis, o santo que foi estigmatizado por um serafim, a classe de anjos mais elevada que existe, pois serve somente a Cristo. Veja que não foi de um querubim que São Francisco recebeu os estigmas. Foi de um serafim, e isso diz muito sobre a santidade que ele alcançou ainda em vida. Se o seu pai realmente está no Inferno, ele precisa das três faculdades de que eu falei para sair de onde está. Se obtiver essas faculdades, ele alcançará a segunda morte e sairá do Inferno. Eu não garanto que você conseguirá tirar o seu pai do Inferno, e não sei se a intercessão de São Francisco de Assis será o suficiente para que o seu pai saia de onde ele está, mas você tem de tentar. A alma do ímpio é incapaz de passar pela segunda morte sem receber ajuda. Depois de acender as velas, reze o terço que era do seu pai e o salmo 141 quantas vezes você conseguir. Tente dormir o mínimo possível e vigie as velas. Em média, uma vela fica quatro horas acesa. Assim que estiverem no fim, acenda outras, seguindo o mesmo rito. Não tome mais banho até terminar os três dias. Somente depois da terceira noite é que, no dia seguinte, você vai deixar a foto do seu pai no túmulo de São Francisco de Assis e vai verbalizar o pedido de intercessão", foram as palavras de Aninha.

    Abel cumpriu exatamente o que Aninha lhe determinara e começou o ritual. Passava das 16 horas, quando acendeu as velas e começou a rezar. Inicialmente rezou ajoelhado, mas depois, abatido pela fome e por uma noite insone, passou a rezar sentado. Por volta das 20 horas, sem parar de rezar o terço, ele contemplou a Lua Cheia de Leão de sua janela, a bela e majestosa Sorella Luna.

15

Uma filha de Eva

Naquela manhã, o advogado contratado por José Maria chegou ao hospital algumas horas antes do delegado responsável por investigar a conduta de Abel. O depoimento do veterinário foi agendado após uma semana da cirurgia de reimplante de dedo anular. Até aquele momento, o fato ocorrido na mansão do maçom não saíra em nenhum jornal, e o inquérito policial fora mantido em sigilo. O defensor de Abel era um homem com cerca de 45 anos, branco, calvo, baixo e altivo. Entrou no quarto de Abel de terno azul marinho e carregando uma pasta preta. Puxou uma cadeira enquanto seu cliente o observava.

– Meu nome é Rui. Eu fui contratado pelo seu pai pra defender você – disse, após ter se sentado.

– O meu pai avisou que ia atrás de um advogado pra mim – falou friamente. – Quais são as minhas chances, doutor?

– Vou tentar conseguir uma pena baixa. Parece que seu ex-sogro aliviou pra você na delegacia. Deve ter ficado com pena do neto – disse com um sorriso cínico. – Isso vai nos ajudar. Ele é a principal testemunha. Acho até que ele é mais importante do que a sua ex-mulher, pois é o depoimento dele que vai determinar se você agiu sob violenta emoção.

Rui contou, ainda, que iria conseguir que Abel respondesse à ação penal em liberdade e ficaria ao seu lado enquanto o delegado o ouvisse. Orientado por seu advogado, o veterinário disse ao delegado que agira sob violenta emoção. Falou que procurou o ex-sogro para tentar uma reconciliação com Joana. Disse que foi levado por Antonio até a nova casa da ex-mulher para que pudesse conversar com ela, mas fora ofendido e chamado de "fracassado", "zé-ninguém" e "minhoca da terra". Afirmou que perdeu o controle e atirou em Joana. Sobre o revólver usado para atirar na vítima, Abel disse que fora emprestado por seu pai após uma tentativa de assalto em sua clínica veterinária e passara a andar armado para se defender e cuidar de seu patrimônio. Acrescentou que apontara a arma para Joana estando de frente para ela, e que sua ex-mulher se virara de costas ao tentar fugir e por isso fora alvejada no pulmão. Nota dez. Dr. Rui valeu cada centavo que cobrou.

"Meu filho, você tem de dar graças a Deus por não ter ido pra cadeia e àquele cachorro que impediu você de tirar a vida da mãe do seu filho. O macho da Joana era capaz de pagar pra que violentassem você na cela", foi o conselho recebido por seu pai quando foi tirá-lo do hospital. O veterinário não passou um dia na cadeia e conseguiu o direito de responder ao processo em liberdade, conforme seu advogado havia prometido.

Abel e o pai subiram a Serra no fusca deste. O veterinário passou parte da viagem em silêncio e contemplando a mão enfaixada sem o dedo mínimo e com o anular inerte. Temia não poder fazer cirurgias de castração, que eram sua maior fonte de renda. Receava que só pudesse oferecer atendimento clínico, e antevia uma desconfortável dependência paterna. Durante o trajeto pela Estrada Imperial, o filho quis saber sobre o valor que o advogado cobrara.

– Isso não interessa. Eu dei um jeito – respondeu José Maria.

– Você não tem dinheiro pra pagar um bom advogado – disse Abel.

– Eu fiz um empréstimo – falou com desconforto.

– De quanto?

– Três milhões de cruzeiros.

– Pai, como é que vai pagar esse empréstimo? Isso é muito dinheiro. É o que o Zico ganha por mês.

– Eu não vou pagar juros – disse friamente, e fitou seu filho por um instante. – O seu Antonio me emprestou o dinheiro.

Houve um incômodo silêncio.

– Ouviu o que eu disse? - perguntou José Maria.

Abel apenas meneou a cabeça positivamente.

– O velho não fez isso por sua causa. Ele me disse que você não vale o que o gato enterra. Ele fez pelo Francisco. Ele não quer que o neto tenha um pai presidiário. Ele acha que um bom advogado pode conseguir uma pena leve pra você e que talvez você não fique preso. E ele disse que, se for necessário, vai mentir na frente do juiz – disse e olhou firmemente para seu filho. – Ele já mentiu na frente do delegado. Outra mentira não custa nada. Mas ele exigiu uma condição – acrescentou, apartando as sílabas da última frase.

– O que ele exigiu? – perguntou, sem ter coragem de olhar para o próprio pai.

– Ele quer que você não se aproxime mais do Francisco. Ele disse que vai inventar que você morreu.

– Ele não pode fazer isso.

– É claro que ele pode. Ele disse que se você tentar se aproximar do meu neto, ele vai falar a verdade quando for depor na frente do juiz, e você vai se foder – gritou José Maria. – Eu também acho que você não presta pra criar uma criança. O meu neto vai ser muito melhor criado pelo seu Antonio.

– Ele comprou você – disse Abel com raiva.

– Quem é você pra falar de alguém? Se não fosse o dinheiro dele, essa hora você podia estar numa cela virando mulher de um monte de bandidos.

Abel não disse mais uma palavra, e o resto da viagem ocorreu em silêncio. Chegaram a Correas, e José Maria parou num bar para comprar cigarros. Abel não quis sair do fusca. Enquanto ficou sozinho olhou para o centro de Correas e não gostou do que viu. No bar onde seu pai entrara para comprar cigarros, havia um grupo de homens com mais de 50 anos, a maioria com a barriga proeminente, bebendo cerveja e falando sobre futebol. Dois deles usavam camisa do Botafogo e falavam mal de Telê Santana. A derrota para a Itália, na Copa, ainda era o assunto preferido de muitos brasileiros, mesmo o ano se aproximando do fim. "Esse é o meu futuro, se eu me livrar da cadeia. Falar de futebol no bar ou ir pra rinha com o meu pai", pensou. Abel achou que havia alguma maldição naquele ano. Elis Regina havia morrido, o Zico não conseguiu ser campeão do mundo e ele perdera o juízo.

    Seu pai estava demorando no bar, e Abel ligou o rádio para passar o tempo. O locutor anunciou a vitória de Leonel Brizola na eleição para governador do estado do Rio de Janeiro. Abel mudou de estação, pois não se importava com política. Estava tocando "Só De Você", da Rita Lee, a cantora preferida de Joana. Desligou o rádio, mas antes de se livrar da canção teve de ouvir a seguinte estrofe: "Porque a gente nem sabe porque/ Mas acontece que eu nasci pra ser só de você/ É claro que a sorte também ajudou/ Ultimamente, um romance dura pouco". A partir daquele momento, seria sempre assim. Rita Lee iria se tornar o fantasma que jamais o deixaria esquecer do passado. Música é metafísica para o bem ou para o mal. Serve tanto para elevar a alma quanto para atormentá-la.

    Seu pai entrou no carro com dois maços de Minister e os dois seguiram caminho. O filho estava de volta à casa do pai. Não era um retorno alegre e espontâneo e, dentro da casa, havia uma filha de Eva.

16

Essa era a sua esperança

Por volta de meia-noite, Abel adormeceu após acender o terceiro trio de velas brancas. Antes, havia rezado o terço e o salmo 141 várias vezes. Dormiu no chão, próximo ao altar improvisado, em posição fetal. Não foi um sono tranquilo. O receio de que as velas apagassem o fez despertar várias vezes, e o jejum já começava a lhe tirar forças. Por volta das quatro e meia da manhã substituiu as velas que estavam no fim e rezou novamente o pai-nosso e a ave-maria. Adormeceu novamente e despertou quando o Sol começou a iluminar seu quarto. Bebeu um pouco de água e voltou a rezar. Desta vez, de joelhos. A imagem do túmulo do pai lhe veio à mente enquanto rezava o terço. Abel o enterrara no cemitério São José, em Itaipava, distrito de Petrópolis. Sempre que visitava Itaipava, Abel ia ao cemitério rezar pelo pai. Ele sabia que devia sua educação e até o imóvel que herdara aos avós maternos, porém nunca conseguiu odiar o pai, nem mesmo quando descobriu a verdade que sua mãe e seus avós ocultaram dele.

Após quase meia hora de joelhos, Abel sentou-se e continuou rezando em frente ao altar. Ouviu um som e aproximou-se da janela. Viu uma revoada de cotovias cruzar o céu de Assis naquela manhã. Sorriu e sentiu um bom presságio. Lembrou-se de que seu santo de devoção amava as cotovias e dezenas delas voaram e fizeram círculos sobre a cabana onde estava seu corpo no dia de sua morte. Em seu apartamento, em Laranjeiras, Abel costumava receber a visita de bem-te-vis e pardais que se alimentavam da ração de Sol, e isso sempre o deixara contente.

Ele seguiu a orientação de sua amiga e não permitira que o altar ficasse sem velas acesas durante o dia inteiro. "Você não vê, mas as velas irradiam energia para o ar e, em seguida, para o éter", disse-lhe Aninha. "É por isso que a Igreja manda os fiéis acenderem velas brancas numa procissão. As velas são oferendas muito poderosas", acrescentou sua amiga.

Ao anoitecer, Abel voltou a contemplar a Lua Cheia de Leão. Estava debilitado pelo segundo dia de jejum, e continuava rezando o terço que fora de seu pai. Em nenhum momento, o veterinário duvidou da palavra de sua amiga astróloga. A confiança nela era cega. Eles se conheceram quando Abel ainda era casado. Após estudar seu mapa astrológico, ela lhe dissera que ele não teria filhos e o veterinário não acreditou nela naquele momento, uma vez que sua esposa estava grávida. Depois do divórcio, Aninha e Cristina se tornaram as pessoas mais importantes de sua vida. Sua mãe havia partido quando ele tinha apenas sete anos. Joana morreu de câncer de colo do útero sem levá-lo a Assis, como ela desejava. Abel era criança, porém a lembrança de sua mãe muito magra e calva estava sempre presente em sua mente, assim como a unção dos enfermos que ela recebera no hospital. Ele presenciou a última confissão de sua mãe e a ouviu admitir que traíra seu primeiro marido, que desejou abortar o único filho que tivera e quase o amaldiçoou por ter sido obrigada a casar com um homem que não amava. Ainda no velório de Joana, o padrasto o entregara para seu avô.

Abel adormeceu em frente ao altar e sonhou com uma voz masculina: "Você não sabe todos os pecados que o seu pai cometeu. A sua penitência não é o suficiente". Despertou assustado com o sonho. Aninha já havia lhe explicado o que sucedia à alma durante o sono, e dessa vez ele sentiu que não havia descido a um abismo para ouvir aquele recado. Uma de suas passagens favoritas da Bíblia era a que narrava o sonho de Jacó em que o patriarca hebreu viu uma escada por onde subiam e desciam anjos do Senhor.

Quando seu pai ainda estava no mundo dos vivos, Abel fizera o possível para que ele se arrependesse, mas ouviu frases como "Não gaste vela comigo" ou "Lamento que você tenha o meu sangue". Quando completou 21 anos, o veterinário alterou seu registro civil e incluiu o nome Abel depois de Francisco para tentar alegrar o pai e, a partir daquele momento, pediu para ser chamado pelo nome de seu genitor. Essa atitude trouxe alguma felicidade passageira a um homem cuja alma não estava mais na Selva Escura de Dante e já havia reservado um lugar no barco de Caronte.

Abel não conhecia teologia da morte. Contudo, Aninha lhe dissera que o Inferno era um lugar de transição até o Juízo Final. Essa era a sua esperança.

17

Absalão

Era domingo à tarde. A rinha de galos estava lotada. Funcionava dentro de um sítio em Xerém, no município de Duque de Caxias, e, para poder frequentá-la, José Maria descia a Serra com o maior prazer. Era uma arena com capacidade para 200 pessoas com arquibancadas de madeira onde, no meio, dois galos eram postos para lutar até um deles morrer ou desmaiar. Só havia homens no lugar. A maioria com mais de 40 anos, embora houvesse alguns jovens. José Maria levara seu filho para recordar momentos inesquecíveis de sua infância. Quando criança, quase todos os domingos, Abel era levado à rinha por seu pai. Ele detestava aquele ambiente, e foi justamente o fato de ser forçado a assistir à briga de galos que lhe despertou o desejo de estudar medicina veterinária. José Maria, que desconhecia o que se passava na alma de Abel, pensou que a rinha seria uma boa terapia para o filho exorcizar seu *animus necandi*.

Abel não apostou em nenhum galo. Seu pai já tinha apostado e ganhado duas vezes. Depois de uma hora na rinha, sem suportar continuar naquele lugar, o veterinário disse sentir dor na mão que ainda estava enfaixada e manifestou vontade de ir embora, pois pretendia tomar um analgésico. Seu pai respondeu que pretendia permanecer no local. Abel decidiu, então, pegar um ônibus e subir a Serra sozinho.

No ponto de ônibus, Abel começou a pensar que, mesmo tendo escapado da cadeia, estava vivendo num presídio. Ainda não estava em condições de voltar a trabalhar. Sua clínica no Rio Comprido fora invadida durante o período que ficou no hospital, e tudo o que havia dentro foi pilhado ou destruído. Ele desconfiava de que Júlio César estivesse por trás desse ato, mas não podia afirmar com convicção tal suspeita. Ele saíra da Serra aos 18 anos para viver o sonho de morar e estudar no Rio de Janeiro e regressou para Petrópolis aos 27, infeliz, abandonado pela ex-mulher, privado de ver o próprio filho, com contas a prestar perante um juiz e mutilado. Pensou que não tinha muita coisa a perder. Esqueceu-se de que tinha uma alma.

Após meia hora, finalmente pegou um ônibus que subiu a Serra. Teria que ir até o Centro de Petrópolis para tomar outra condução até Correas. Seu carro estava no Rio de Janeiro e Abel sentia falta dele. Seu pai prometera buscá-lo. Dentro do ônibus, o veterinário tentou se animar. Traçou planos para montar um novo consultório na Serra. O aluguel de um imóvel em Petrópolis era bem mais barato do que no Rio de Janeiro e seu pai conhecia muitas pessoas na região, o que poderia criar facilidades na hora de fechar um negócio com um locador.

Chegou em Correas de noite e encontrou Joana na sala de estar. A mulher de José Maria via um programa humorístico na televisão e usava um vestido com comprimento abaixo do joelho. Desde sua chegada em Correas, Abel notou que Joana se mostrara constrangida com a presença dele e havia mudado sua forma de vestir. O veterinário nunca mais a vira de bermuda ou com qualquer roupa que deixasse à mostra partes substanciais de seu corpo.

O casamento de José Maria com Joana demorou a ser digerido pelo filho. Abel acreditou que ela se casara com seu pai antevendo uma provável pensão por morte, mas guardou para si esta opinião. Por outro lado, sabia que José Maria tinha companhia e o deixava despreocupado. Somente o fato de ela ter o mesmo nome de sua ex--mulher lhe causou um desconforto não superado. Mais de uma vez, ele percebera seu próprio pai olhando para sua ex-mulher de forma suspeita e pensava que por isso ele fora tão pouco ao Rio de Janeiro visitá-lo depois de seu casamento.

Joana perguntou se Abel estava com fome. Ele respondeu que sim. Ela se levantou e disse que iria esquentar as sobras do almoço. Ele apenas assentiu com a cabeça.

O veterinário entrou na cozinha enquanto Joana, diante do fogão, esquentava o seu jantar. Manteve-se junto à porta e começou a fazer perguntas sobre a família dela. Ele sabia que ela não tinha pai e sua mãe morava numa favela próxima ao Centro de Petrópolis com outras duas filhas. Joana era a mais velha. Abel perguntou se as irmãs também eram bonitas. Ela fingiu não entender o que ouvira, mas olhou de soslaio para o veterinário. Ele repetiu a pergunta.

– As minhas irmãs são mais bonitas – disse friamente e sem tirar os olhos das panelas.

– Eu gostaria de conhecer as suas irmãs pra ver se é verdade – devolveu Abel.

Abel conhecia a história de Absalão, filho do rei Davi, que se revoltou contra o pai, cobiçou seu trono, possuiu suas concubinas perante os olhos de todo o Israel e acabou morto por Joabe, homem de confiança do rei. O filho de Caim agora se espelhava em Absalão.

18

Um leão contemplando o sol

Era meio-dia do terceiro dia em Assis. Abel estava sentado em frente ao altar e sentiu o calor e a luz que entravam pela janela do quarto. Já havia substituído as velas pela manhã e a água estava terminando. O jejum minara suas forças e estava se sentindo sujo após tanto tempo sem banho. Rezava o terço e ainda pensava no sonho.

Anoiteceu e Abel pôde contemplar a Lua Cheia de Leão em seu ápice. Era sua última noite em Assis. No dia seguinte, ele iria ao túmulo de São Francisco para deixar a foto de seu pai e fazer o pedido de intercessão. Entretanto, o sonho que tivera exigia que ele mudasse seus planos. Ficou de pé e fitou a Lua que estava no Céu na noite de seu nascimento.

– Você me trouxe para a Terra. Será que você me leva até o Inferno? – sussurrou para a Lua.

Adormeceu no chão e não acordou até o dia seguinte. Eram quase 9 horas da manhã quando abriu os olhos.

Percebeu que no altar não havia mais velas acesas, porém manteve a calma. Pôs-se de pé e desmontou o altar. Guardou os porta-velas e o lenço branco em sua mala.

Foi até o banheiro e olhou-se no espelho. Estava horrível. Sua roupa branca estava suja, seu cabelo, despenteado, sua barba, sempre bem cuidada, grande. Não tomou banho, mas vestiu outra calça e camisa para entrar na basílica de São Francisco de Assis. Escovou os dentes e penteou os cabelos. Não tinha mais peças brancas limpas e colocou uma calça jeans e camisa de malha bege.

Saiu da pousada sem tomar café e somente sorriu para a recepcionista. Carregava na mão direita a foto de seu pai. Caminhou lentamente até a basílica. Encontrou uma grande fila para entrar. Percebeu que era um grupo de turistas de várias nacionalidades que chegara de Roma naquela manhã para visitar Assis. Ouviu alguns conterrâneos conversando, porém não se animou a falar com eles. À sua frente um casal de jovens brasileiros discutia. O homem achou perda de tempo sair de Roma para ir a Assis e falou que preferia ter passado o dia em Pompeia. A mulher disse que não iria embora da Itália sem visitar o túmulo de São Francisco.

Abel olhou para o céu e não viu nenhuma nuvem naquele dia de verão. Deixou de prestar atenção no que acontecia em sua volta, fechou os olhos e recitou em voz baixa o Cântico do Irmão Sol enquanto a fila andava lentamente. Ele já sabia que somente o jejum e a oração não bastaram. O homem que estava prestes a entrar na basílica jamais seria um melancólico lobo da estepe que aceitaria ser derrotado sem lutar até o fim. Era um leão contemplando o Sol.

19

À esquerda, o inferno. À direita, a segunda morte

José Maria enforcou-se numa árvore do quintal de sua casa no dia de Natal. Não deixou nada escrito. Foi Abel quem chamou a Polícia. Joana entrou em estado de choque e somente chorava. Dezenas de moradores de Correas se juntaram na porta da casa e, como urubus diante de uma carniça, assistiram ao corpo do petropolitano ser levado por bombeiros enquanto um policial fazia perguntas a Joana.

Abel entrou na basílica junto com dezenas de turistas. Admirou o interior da construção gótica e teve seu olhar capturado durante um minuto pelo afresco La Predica Agli Uccelli, de Giotto. Depois observou outras pinturas que também retratavam momentos da vida de São Francisco. Rezou um pai-nosso e uma ave-maria.

O velório de José Maria estava lotado. Joana, de óculos escuros, permaneceu sentada ao lado de sua mãe e irmãs. Usava um vestido preto e ainda tinha crises de choro. Os vizinhos do casal que foram se despedir de José Maria, entretanto, olhavam para a jovem viúva com muita desconfiança. Muitos se espantaram com a ausência de Abel.

Desceu até a cripta onde estava enterrado São Francisco de Assis. Centenas de fotos de devotos circundavam os restos mortais do santo italiano. Várias pessoas fizeram o sinal da cruz e tocaram no túmulo quando puderam se aproximar. Algumas deixavam fotos. Ele se aproximou do túmulo, deixou o retrato de seu genitor naquele mar de fotografias e tocou com as duas mãos a pedra que protegia o corpo do filho de Assis. Então, diante do sepulcro de um dos maiores santos do cristianismo, o primeiro católico a ser estigmatizado, Abel rezou um pai-nosso e recitou um trecho do salmo 138 ao dizer que "as próprias trevas não são escuras para vós". Em seguida, ofereceu um sacrifício. Pediu a intercessão de São Francisco de Assis para descer ao Inferno e ajudar seu pai a passar pela segunda morte. Abel estava consciente de que, ao fazer esse pedido de intercessão, estava literalmente vendendo a sua alma a Cristo em troca da libertação de seu pai.

Somente justos como São Francisco de Assis não precisaram ser punidos ou perdoados e alcançaram a libertação. A maioria das pessoas estava sob um dos braços da cruz. À esquerda, o Inferno. À direita, a segunda morte.

20

O voo das cotovias

Abel sentou-se no chão do banheiro e deixou a água do chuveiro cair sobre seu corpo durante vários minutos. Não havia mais nada a ser feito. Ele considerava cumprida sua missão. Cabia a Deus decidir se atenderia sua prece e resgataria seu pai do abismo.

Depois do banho, ele aparou a barba, vestiu-se e pensou em telefonar para Aninha, mas a fome que sentia era imensa. Já era quase meio-dia, e a última diária do hotel estava terminando. Já havia perdido o café da manhã e decidiu almoçar. Pediu para sua mala ser guardada na recepção e perguntou por um lugar para almoçar. A recepcionista lhe indicou Da Cecco, na Piazza San Pietro. "È piccolo, ma la cucina è buona e abbondante", garantiu a funcionária do hotel. Abel confiou na indicação e saiu à procura do restaurante, levando sua mochila nas costas.

Comeu dois pratos de gnocchetti al gorgonzola e noci. Não foi apenas porque estava com muita fome. Ele nunca havia provado um gorgonzola tão saboroso como aquele. Depois experimentou o tiramisù feito pela própria dona do restaurante, com quem conversou durante o almoço, e não sentiu nenhuma vergonha de repetir a sobremesa. Ela, uma senhora idosa muito simpática, pensou que Abel fosse russo, e se mostrou surpresa ao ouvir que ele era brasileiro. A senhora insistiu para que o veterinário provasse o vinho da Umbria, porém ele recusou e somente bebeu água. Teve receio de beber álcool depois de três dias em jejum. "Questo ristorante è la porta del Cielo", disse ao se despedir. "Grazie. Laborare est orare. Mia cucina è la mia preghiera", a italiana agradeceu ao elogio e ensinou uma lição a Abel. Foi sua melhor refeição durante toda a viagem, e o veterinário não pôde deixar de se lembrar de seu avô enquanto esteve nesse restaurante. Antonio sempre lhe dissera que toda refeição era sagrada, e que o *fast-food* inventado pelos protestantes havia dessacralizado o ato de comer.

  Antes de voltar ao hotel para pegar sua mala, quis visitar a basílica de Santa Clara. Não era muito longe do restaurante onde havia almoçado. Caminhou até a Piazza Santa Chiara e não encontrou fila para entrar na igreja. Viu os restos mortais da santa expostos num túmulo de vidro e protegidos por um véu preto e uma túnica parda. Abel sabia que o crucifixo de São Damião, que marcou o início da conversão de São Francisco de Assis, estava nessa igreja, e teve o privilégio de vê-lo. O que Abel mais gostava no crucifixo era a videira pintada em torno dele. Ele sabia que, somente no Evangelho Segundo João, Jesus Cristo se comparou a uma árvore, numa clara referência à misteriosa árvore da vida no meio do Jardim do Éden.

Regressou ao hotel, apanhou sua mala e foi para o ponto de ônibus esperar pela condução que iria levá-lo até a estação de trem. Estava se despedindo de Assis, da cidade onde nascera o homem do milênio, título concedido pelos leitores da revista *Time*, que colocaram São Francisco à frente de Shakespeare, Michelangelo, Cristóvão Colombo, Mozart e Einstein.

Entrou no ônibus e sentou-se numa das últimas poltronas ao lado de uma janela. Sentiu tristeza por ter de voltar para o Rio de Janeiro sem ter a certeza de que alcançaria o milagre que tanto desejara. Ele era sozinho no mundo. Tinha um cachorro e uma namorada esquerdista de miolo mole, que repetia tal como um papagaio o que seus professores de faculdade enfiaram dentro de sua pobre cabecinha. Tinha certeza de que, mais cedo ou mais tarde, iria reencontrar com seus avós maternos e sua mãe, mas não queria morrer sem ter feito nada por seu pai. Fez o que estava ao seu alcance. Talvez seu pai tivesse mais pecados do que ele viesse a saber. Talvez.

Abel viu a cidade medieval de Assis se distanciando pela janela e relembrou momentos de sua viagem. Recordou do motorista cubano que o levara até o hotel, da estação de metrô Cornélia, do sorvete de San Crispino, do Êxtase de Santa Teresa D'Ávila, de sua primeira pizza em Roma e, principalmente, do Juízo Final, de Michelangelo. Então olhou para o céu de Assis e recebeu um presente. Uma revoada de cotovias seguiu o ônibus que o conduzia e, quando o ladearam, desceram bruscamente e voltaram a alçar voo formando um V com esse movimento ondulatório. Abel sorriu, emocionou-se e compreendeu que havia recebido uma mensagem do Céu. Ele sabia que as cotovias eram mensageiras entre o que está em cima e o que se passa embaixo. Elas voam mais alto do que a maioria dos outros pássaros e fazem seu ninho na terra. Por isso eram tão amadas pelo santo de Assis. Ele sabia que agora tinha um encontro marcado com seu santo de devoção, pois acabara de receber o melhor presságio que um devoto de Giovanni di Pietro di Bernadone poderia esperar: o voo das cotovias.

21

Será que isso tem um significado?

Abel dirigia o fusca que pertencera a seu pai pela estrada Rio-Juiz de Fora em direção a Petrópolis. Era uma noite nublada. "D. Pedro deve ter se arrependido de fundar Petrópolis. Aqui só chove", pensou.

Ele montou uma clínica veterinária em Três Rios e voltou a trabalhar. Ia, diariamente, de um município ao outro. Na cidade vizinha, Abel não ouvia comentários sobre seu passado, e isso compensava a distância entre trabalho e casa. Não que ele se importasse de ter de responder algo sobre o suicídio de seu pai ou de viver em concubinato com a viúva de José Maria. Ele não sabia mais o que era vergonha. Passara por um processo de dessensibilização que o deixou imune ao mundo exterior. Entretanto, ele estava consciente de que sua má reputação em Correas iria atrapalhar o exercício de sua profissão. Por isso escolheu trabalhar em Três Rios, mas se manteve morando em Petrópolis por causa da mãe de Joana, que queria manter sua filha por perto.

Sua mão esquerda não estava totalmente recuperada, pois os movimentos do dedo reimplantado eram bastante limitados, mas mesmo assim ele conseguia realizar cirurgias. Em poucos meses, ele havia refeito sua vida na Serra, e o suicídio de seu pai contribuíra para isso.

Após a morte de José Maria, ele e Joana venderam a casa que herdaram e se mudaram para Pedro do Rio, um distrito de Petrópolis bastante isolado. Tiveram muita dificuldade para conseguir um comprador para o imóvel, pois muitas pessoas da região sabiam do suicídio do pai de Abel. Ele nunca se importou de ser hostilizado pelos antigos vizinhos, mas ela sentiu-se humilhada várias vezes e não suportou mais ouvir impropérios quando ia ao mercado ou ao banco. Joana herdou a pensão de José Maria, Abel, a mulher de seu pai, e os dois, o ódio da comunidade de Correas.

Abel foi incapaz de sentir tristeza com a morte do pai, e jamais sentiu vergonha de dormir com a mulher dele. "Só existem bandidos e prostitutas nesse mundo de merda", dizia pra si mesmo, tentando se justificar. Lembrou-se de seu ex-sogro que sempre dizia "viver para Deus é viver para a verdade" e não tivera nenhum problema em mentir com a maior desfaçatez na frente de um delegado para acobertar o fato de que Abel premeditara a tentativa de homicídio contra sua ex-mulher. Em troca dessa mentira, o veterinário aceitou nunca mais procurar seu filho. Ele também jamais procurou Antonio para quitar o empréstimo que seu pai contraíra para pagar o advogado que o defendia. "Morto não paga dívida", disse pra si mesmo.

Ele estava otimista em relação ao processo a que respondia. Seu advogado dissera que o depoimento de

Antonio iria fazer os jurados acreditarem na tese de que atirara sob violenta emoção e teria uma pena pequena, o que certamente tornaria inviável sua prisão. Abel contava ainda com a lentidão da justiça dos homens para demorar a ser julgado. A certeza da impunidade o fazia duvidar da existência de Deus.

Abel chegou a sua nova casa em Pedro do Rio. Sua mulher já devia estar com o jantar pronto. Eles jantavam juntos e depois assistiam à novela *Louco Amor*. Joana adorava novela, mas Abel só acompanhava a trama por que "a Bruna Lombardi é muito gostosa".

Enquanto estacionava o fusca na garagem, o veterinário teve um instante de reflexão: "O rio está sempre presente na minha vida. Eu morei no Rio de Janeiro, hoje estou em Pedro do Rio e meu trabalho é em Três Rios. É rio demais. Será que isso tem um significado?"

22

Em silêncio

Em sua volta para casa, Abel precisava fazer conexão em Lisboa e subitamente teve a ideia de passar 24 horas em Portugal. Ele se sentiu no Céu ao sair de Assis. Para ele, voltar para o Rio de Janeiro e para sua namorada agnóstica e socialista lhe pareceu como descer ao Inferno para ficar na companhia de Nemrod, o precursor de todos os ditadores. Seu avô sempre lhe dissera que Nemrod fora o primeiro homem a tentar agir como Deus, e Abel tinha a nítida sensação de dormir com uma versão feminina e pós-moderna do governante da Babilônia.

Muito antes de Napoleão, Hitler, Stalin, Mao Tsé-Tung, Pol Pot, Fidel Castro e outros déspotas, houve Nemrod, e Dante reservou um lugar especial para ele no Inferno. Só ficou a um círculo de distância de Lúcifer.

Abel desistiu da ideia de passar por Lisboa e embarcou para sua provação rumo ao Brasil. Sua clínica estava fechada há uma semana, estava com saudade de seu cachorro Sol, e Samira já devia estar impaciente. Entretanto, o homem que regressava não era o mesmo que partira. Faltavam poucos dias para ele completar 31 anos e ele agora sentia que o tempo era um bem escasso.

Seu assento no avião era o número 26A, e ele recordou a conversa que tivera com o monge acupunturista antes de viajar. "Eu estou pronto para cumprir o que eu prometi em Assis. Eu estou pronto", pensou, logo após ocupar seu lugar no avião. E voou em direção ao seu destino.

Somente no *free shop* brasileiro, Abel se lembrou do vinho italiano que Samira pedira. Adquiriu duas garrafas de Chianti, pois precisava de algo para dar de presente para Eleonora. Comprou também duas barras grandes de chocolate Lindt para presentear Aninha e Cristina. Depois pegou um táxi para Laranjeiras. No trajeto do aeroporto para o bairro onde morava, o motorista, um senhor branco e idoso, lhe perguntou em quem ele iria votar. Então Abel se deu conta de que haveria eleição presidencial naquele ano e sua namorada começaria a ter oscilações de temperamento a cada pesquisa de intenção de votos que fosse divulgada. Se a candidata de Samira se saísse mal, ela ficaria histérica e diria que forças conservadoras estavam com ódio de seu partido, que aumentou a carga tributária, fez a "classe média reacionária" pagar mais impostos e distribuiu a riqueza do país com os mais pobres, que agora, somente agora, depois que o partido de Samira chegara ao poder, não passavam mais fome. Pouco importava se alguém dissesse para ela que ninguém morria de fome no Brasil antes da vitória eleitoral de seus companheiros e que somente existia subnutrição no Semiárido do Nordeste brasileiro. Ela jamais admitiria tal fato. Para ela, o Semiárido nordestino era igual à África Subsaariana.

Após entrar em seu apartamento, Abel desabou na cama. Não havia conseguido cochilar durante o voo e sentira um pouco de dor de coluna lombar após tantas horas sentado. Tomou um comprimido de um relaxante muscular e adormeceu.

Foi despertado com o som da campainha em plena madrugada. Era Samira morrendo de saudade de seu namorado. Ela o abraçou e o beijou assim que a porta foi aberta. Usava um vestido vermelho, como de costume. O casal foi para o quarto sem que Abel tivesse falado nada sobre sua viagem. Mesmo cansado e com dor na coluna, ele teve de agradar sua namorada.

– Você comprou o Chianti? – quis saber Samira, enquanto se levantava nua e abria a janela do quarto para fumar.

– Comprei. Você não vai perguntar nada sobre a viagem? – disse Abel sem sair da cama.

– Ah, sim. Viu o Papa Bento XVI? – falou, já fumando e tentando demonstrar algum interesse.

– Não, libanesa, eu não vi Sua Santidade. E Assis? Não quer saber o que aconteceu?

Aconselhada por sua terapeuta, Samira fizera o dever de casa e aprendera algo sobre a vida de São Francisco de Assis em *sites* católicos. Em sua pesquisa, descobriu que o santo preferido de seu namorado participara de uma Cruzada e pensou em fazer um comentário maldoso, mas conseguiu se conter.

– Conheceu a igreja de São Francisco de Assis? Eu pesquisei sobre ele na internet.

– O que foi que você achou?

Então, Samira, a ativista política agnóstica, não resistiu à provocação. O material que ela havia encontrado na internet era bom demais.

– É verdade que ele participou de uma Cruzada? Eu pensei que ele fosse um homem santo.

O veterinário pôs-se de pé e começou a vestir-se, e não respondeu ao que sua namorada perguntara.

– Abel, eu fiz uma pergunta.

– Sim, Samira, ele participou de uma Cruzada e tentou converter um sultão – disse com raiva e vestido da cintura pra baixo.

– Então ele não era um homem santo – disse, com indisfarçável prazer.

– Ele não participou como soldado. Ele foi apanhado pela guarda do sultão, tomou porrada e ainda assim desafiou o mulá na frente do Sultão para provar que Cristo é Deus. Ele desafiou o mulá a entrar no fogo com ele. Quem saísse ileso era o verdadeiro fiel. O mulá não topou o desafio, e São Francisco venceu por WO. O sultão podia ter mandado matar São Francisco, e era exatamente isso o que ele queria. Ele queria ser martirizado por Cristo. Se ele tivesse sido morto por causa de Jesus Cristo, teria sido uma morte santa. Sabia disso? Santa Joana D'Arc morreu por causa da fé em Cristo. Ela tinha o dom de conversar com o arcanjo Miguel e a acusaram de bruxaria. O meu avô dizia que Santa Joana D'Arc salvou a Igreja Católica da irrelevância. Se ela não tivesse se vestido de homem e lutado para expulsar os ingleses, mais tarde a França viraria protestante e seria o fim da Igreja Católica na Europa. A Igreja foi salva por uma adolescente virgem, que era mais corajosa que muito homem que já conheci. A minha mãe se chamava Joana por causa de Santa Joana D'Arc. Você vai morrer. As pessoas não vão saber que você existiu, e Santa Joana D'Arc vai continuar sendo lembrada.

Você é um lixo perto de uma das maiores santas da Igreja Católica – falou aos gritos com sua namorada.

Samira sentiu o golpe. Até ela tinha um pouco de admiração por Santa Joana D'Arc. Numa viagem de férias a Nova Iorque, ela assistira a uma peça em que a padroeira da França era retratada como uma lésbica enrustida sem nenhum dom transcendente. A libanesa, em sua completa ignorância sobre religião, adorou a peça.

– Eu fui detestável. Por favor, me perdoe, Abel – falou e se aproximou do namorado tentando abraçá-lo, mas ele se esquivou.

Houve um incômodo silêncio durante alguns segundos.

– Eu vou abrir o vinho que eu comprei. Você quer? – disse Abel sem olhar para a namorada.

– Sim, eu gostaria. Eu posso fazer algo pra gente comer.

– Não deve ter nada na geladeira.

Abel abriu o Chianti e os dois começaram a beber em silêncio. Samira não se vestiu e permaneceu como veio ao mundo enquanto degustava o vinho italiano. Depois da primeira taça de vinho, Abel cedeu e acabou beijando a namorada.

Não havia muita margem de manobra no relacionamento desse casal. Samira havia tentado questionar a fé de Abel sem sucesso várias vezes e ele estava cansado de se explicar e de se justificar para ela. Ela não fora a primeira namorada que desdenhou da crença de Abel. Sua ex-mulher também era descrente e o fizera ver *O Código Da Vinci* no cinema só para ter o prazer de debochar de Jesus Cristo quando as luzes da sala se acenderam. "Esse cara que escreveu essa porcaria do Código Da Vinci deve ser maçom. Os maçons não acreditam na divindade de Jesus Cristo", foi a resposta que dera à provocação que ouviu. Ele estava cansado desse tipo de embate e considerava uma provação que sempre acabasse se interessando por mulheres com o perfil de Samira. Enquanto bebiam, Abel pensou que sua namorada adorava vinho, mas desconhecia que tal hábito foi mantido no Ocidente graças aos católicos que cultivaram uvas para ter vinho na hora de celebrar a missa. Em outras culturas, o hábito de beber vinho era proibido. "Até o gosto pelo vinho ela deve aos católicos. O primeiro milagre de Cristo foi justamente transformar água em vinho", pensou, mas não quis iniciar uma segunda discussão e permaneceu em silêncio.

23

Mãe do anticristo

Após três anos da tentativa de homicídio de sua ex-mulher, Abel foi julgado numa segunda-feira, justamente o único dia da criação que Deus não abençoou. Ele compareceu ao fórum com seu advogado, que o orientou a usar a roupa que vestia para trabalhar. Assim, ele foi apresentado aos jurados como um homem do interior que se mudou para o Rio de Janeiro para estudar e trabalhar, constituiu família e batalhava pelo pão de cada dia, porém fora abandonado por sua ex-mulher, privado da convivência diária com o filho e trocado por um rico advogado. Segundo seu defensor, Abel sonhava com uma reconciliação e por isso pedira a seu ex-sogro para levá-lo à casa onde Joana estava morando. Após uma discussão, ele perdeu momentaneamente a razão e atirou em sua ex-mulher. O veterinário notou que havia quatro mulheres entre os sete jurados. "Mulher não gosta de mulher. Elas vão aliviar pra mim", pensou.

Em seu depoimento no Tribunal do Júri, Antonio manteve a versão que apresentara diante da Polícia. Joana não tentou desmentir o que seu pai falara, disse que perdoava o ex-marido e não sentia mais raiva dele. Ela já sofria de câncer do colo do útero e morreria um ano depois. Estava visivelmente debilitada quando testemunhou. Um lenço branco escondia sua falta de cabelos, e ela não era nem sombra da mulher que fizera o veterinário de Correas perder o juízo.

Ele foi condenado a uma pena de três anos e meio. Prevaleceu a tese de que agira sob violenta emoção após ser injuriado pela vítima. O advogado de Abel garantiu que recorreria da sentença e assegurou a ele que ocorreria prescrição da pena antes do julgamento do último recurso. Ele podia retornar para sua rotina na Serra e considerar o problema encerrado. Conseguira se livrar da justiça dos homens.

Ainda no fórum, logo após o anúncio da decisão dos jurados, Abel viu Júlio César. Ele não mudara quase nada desde a visita no hospital e estava, para variar, de terno preto. Desta vez, o veterinário não sentiu medo. Até pensou que o maçom pudesse amaldiçoá-lo, mas isso não o preocupava mais. Júlio César saiu de seu campo de visão acompanhado de Joana e Antonio, que não esboçaram nenhuma reação diante do anúncio da pena de Abel. Ele sentiu vontade de abordar Antonio e fazer alguma pergunta sobre Francisco, contudo controlou seu impulso.

Ao chegar a Pedro do Rio, ele abraçou a Joana substituta e contou as novidades. Ela ficou muito contente e disse que gostaria de tentar engravidar naquela noite tão especial em que seu companheiro conseguira uma punição branda.

Jantaram juntos. Joana aprendera a fazer lasanha de camarão, que Abel adorava. Durante sua primeira união, foram poucas as vezes que ele comera camarão. Sua ex-mulher tinha nojo de frutos do mar. Já ele adorava tudo o que rastejava no fundo dos oceanos. Depois do jantar eles tentaram encomendar um meio-irmão para Francisco.

Abel levantou nu da cama e Joana permaneceu dormindo. Estava tão empolgado com a decisão que provavelmente o livraria de passar uma temporada na cadeia que não conseguiu dormir. Foi até a cozinha, abriu a geladeira e pegou uma cerveja. Foi para a sala e ligou a televisão. Era madrugada e estava passando uma versão dublada de *O Bebê de Rosemary*. Deitou no sofá e viu Mia Farrow desempenhar o papel de mãe do Anticristo.

24

Sua prece foi atendida

Abel reiniciou sua rotina. Naquela manhã ele já havia vacinado um Poodle e feito limpeza de tártaro num Beagle. Perto do horário do almoço, deu entrada um Golden Retriever aparentemente resfriado, mas ele desconfiou de um tumor venéreo na narina e pediu uma série de exames. Cristina passou a manhã ao lado, ajudando-o na clínica. Ela havia adorado o chocolate que Abel comprara, e elogiou o comportamento de Sol durante o período que passara em sua casa.

Por volta das 13 horas, o veterinário fez um intervalo. Estava em falta com Eleonora e tinha de encontrá-la para agradecer as dicas que recebera e as aulas de italiano. Marcaram um almoço numa cantina italiana em Laranjeiras. "Tu vai almoçar com aquela mulher-homem?", alfinetou Cristina. Abel riu. Sua ex-babá tinha um vocabulário antiquado que sempre o fizera rir. Chamava propaganda de reclame, táxi de carro de praça, avião de aeroplano e lésbica de mulher-homem, entre outras pérolas que saíam da boca daquela sofrida senhora de mais de 70 anos. "Tu toma cuidado. Ela gosta de mulher, mas te olha de um jeito muito esquisito. Toda vez que ela vem trazer o gatinho aqui, ela quase te beija na boca. Pensa que eu não vejo?"

 O veterinário já ocupava uma mesa no restaurante quando sua professora de italiano chegou. Abel a viu entrar no lugar com uma bolsa preta a tiracolo e usando calça jeans, camisa social branca, seu fiel lenço vermelho no pescoço e óculos escuros tipo Ray-ban. Apesar de ter mais de 60 anos e não tingir os cabelos, a italiana mantinha um olhar alegre e malicioso que a fazia aparentar menos idade do que realmente tinha.

 – Ciao, amore – disse Eleonora, e beijou o veterinário nas duas faces bem perto de sua boca, exatamente do jeito que Cristina já tinha observado.

 – Ciao, profesoressa – falou, e entregou para ela a garrafa de vinho que comprara. – Pra você matar a saudade da Itália.

 – Grazie, bello, grazie! Vamos beber aqui mesmo. Eu vou pedir para o garçom abrir a garrafa.

 – Eu não posso, Eleonora. Eu vou voltar a trabalhar e posso ter de fazer algum procedimento cirúrgico.

 – Peccato – disse, resignada.

 Abel e sua professora almoçaram e conversaram sobre a viagem dele. Ele contou o que acontecera quando saiu de Assis e ela disse que foi um sinal do "poverino". Eleonora não tinha ideia do real propósito da viagem de seu aluno e pensava que ele somente quis visitar Assis por uma questão de devoção a São Francisco. Abel gostava muito das observações que Eleonora fazia sobre o comportamento dos brasileiros. Ela estranhava que, em pleno século 21, vários jovens brasileiros usassem camisa com o rosto de Che Guevara, e sentiu muita vergonha por um italiano condenado por quatro homicídios em seu país ter fugido para o Brasil e conseguido asilo do governo brasileiro. Não entendia também por que tantas pessoas se drogavam nas ruas, inclusive crianças, sem que as autoridades e a sociedade tomassem uma providência, e se espantou que um padre fosse para um programa de televisão defender o direito de alguém se drogar e virar mendigo. "A maior qualidade dos brasileiros é a tolerância. O pior defeito é a covardia", "O Brasil deve ser o único país do mundo em que um muçulmano se casa com uma judia e os dois comemoram o Natal", "Eu conheci judeus brasileiros que comemoram o Natal. Você acredita?", foram alguns dos comentários da italiana durante o almoço.

Ele passaria a tarde inteira conversando com sua professora, mas tinha de voltar a trabalhar. E despediram-se. Voltou para a clínica e trabalhou até o anoitecer.

Chegou ao seu apartamento por volta das 20 horas e levou Sol para sua volta noturna. Seu celular tocou quando estava caminhando com seu cachorro. Era Aninha. Eles só tinham se falado por telefone desde que ele retornara de viagem. Ele não contou que recebera um sinal de que sua penitência fora insuficiente, e omitiu também a promessa feita diante do túmulo de São Francisco de Assis. A astróloga perguntou se ele tinha voltado a sonhar com seu pai desde que voltara da Itália. Ele respondeu que não e mudou de assunto. Abel começou a criticar Samira, e disse que estava no limite de sua paciência. Aninha disse novamente para ele ter calma, pois, segundo seus cálculos astrológicos, ela iria passar por uma mudança em breve. "Querido, tenha calma, o mapa dela não é tão bom quanto o seu, mas o signo dela é mutável. Ela tem o Sol e Mercúrio em Peixes, mas o planeta mais forte no mapa dela é Júpiter, que rege a casa sete. Ela não quer perder você e eu acho que a salvação dela depende totalmente de você", foi o conselho que recebeu de sua amiga. Abel encerrou a ligação e dessa vez duvidou da previsão de Aninha. Ele achava que a astróloga se reconhecia em Samira, uma vez que ela fora marxista e por isso acreditava que ela iria mudar.

Voltou para casa com Sol e foi tomar banho. Enquanto se lavava, Abel se lembrou da benção da água que Aninha lhe ensinara. Recordou a passagem dos Evangelhos em que Jesus Cristo foi mergulhado no Rio Jordão pelo profeta João Batista. "Só depois que mergulhou na água foi que o espírito de Deus desceu sobre ele. A água está sempre presente. Então foi aí que o Verbo se fez carne e habitou entre nós", pensou.

Vestido de pijama, Abel rezou o salmo 141 sentado na cama e deitou-se. Não havia falado com Samira naquele dia. Ela viajara a trabalho para Brasília. Disse que estaria muito ocupada até o dia das eleições, porém esperava que sua candidata se elegesse no primeiro turno para evitar mais despesas para seu partido. No entanto, ela prometeu estar no Rio de Janeiro no dia de aniversário de Abel. Antes de adormecer, pediu a Deus para não sonhar com seu pai. Sua prece foi atendida.

25

Natura naturans, natura naturata

Joana conhecia a nascente de um rio em Araras, um bucólico distrito de Petrópolis, onde existia uma cachoeira muito bonita. Haveria um jogo do Brasil pela Copa do Mundo no México naquele dia, e o casal achou que o horário da partida seria o mais oportuno para o banho, já que possivelmente não haveria ninguém na cachoeira. Abel teve uma intuição de que aquela Copa já era do Maradona, e achou perda de tempo acompanhar os jogos do Brasil.

    O automóvel de Abel agora era uma Brasília branca. Houve dificuldade para chegar até o local do banho, pois a estrada não era asfaltada e estava totalmente desnivelada. Durante o percurso, Joana pensou em desistir, uma vez que a viagem estava se tornando penosa. Ela estava grávida de dois meses e ainda não havia revelado o fato a Abel. Havia mais de seis meses que ela tentava engravidar sem sucesso. Assim, Joana decidiu esperar o dia do aniversário de seu companheiro para contar que ele seria pai pela segunda vez. O veterinário faria 31 anos no início de julho.

Enquanto dirigia, Abel contou friamente que recebera um telefonema de seu advogado dizendo que sua ex-mulher estava internada em estado terminal.

– Você vai tentar recuperar o seu filho? – perguntou Joana.

– Eu não posso. Eu estou em dívida com meu ex-sogro, e ele exigiu que eu me afastasse – falou o veterinário.

Ao ouvir isso, Joana não resistiu e contou que estava grávida. Abel ficou contente com a notícia. Disse que deviam comemorar e falou que queria um menino.

O veterinário conseguiu estacionar a Brasília perto da cachoeira e o casal caminhou menos de cinco metros até a nascente do rio. Joana usava um biquíni vermelho e Abel, uma sunga preta. Não havia ninguém no local e a cachoeira era exclusivamente deles.

Joana não sabia nadar e ficou na parte mais rasa do rio. A água a cobriu até a cintura. Já Abel foi para debaixo da queda d'água e permaneceu alguns minutos sentindo a força desse elemento da natureza. O veterinário saiu debaixo da cachoeira e nadou até onde estava Joana. O casal ficou abraçado e Joana beijou seu companheiro.

– Não quer ficar embaixo da cachoeira? Eu levo você – perguntou Abel. – Vamos aproveitar. Os brasileiros todos estão vendo a seleção jogar. A cachoeira é só nossa.

– Não. Tenho medo. Eu quase me afoguei quando era criança. Mas você pode voltar pra debaixo da água. Eu fico aqui – falou Joana.

Abel deixou Joana sozinha e nadou de volta à cachoeira. Então, Joana notou a água ficar avermelhada, passou a mão em sua vulva e percebeu que estava sangrando. Uma súbita lembrança lhe veio à mente. Quando era recém-nascida, sua mãe fora enfeitiçada por uma cobra que sugou seu peito para tirar o leite que amamentava Joana. As vizinhas testemunharam o fato e afugentaram o réptil. Esse acontecimento se espalhou dentro da favela onde ela cresceu e muitas mulheres passaram a olhá-la como se tivesse sido amaldiçoada.

– Abel, a água tá levando embora o meu filho – gritou desesperada.

Natura naturans, natura naturata.

26

O testamento

Era o dia do seu aniversário. Ele recebera vários cumprimentos em sua clínica e sua namorada viajara de Brasília para o Rio de Janeiro só para passar a noite com ele. Abel colocou um CD de Emmerson Nogueira pra tocar enquanto Samira preparava o jantar na cozinha. Ele começou a ouvir "My Sweet Lord", de George Harrison. Abel gostava especialmente desta estrofe: "I really want to see you / Really want to be with you / Really want to see you lord / But it takes so long, my lord".

O veterinário entrou na cozinha para saber qual seria o cardápio do seu aniversário de 31 anos. Samira estava de pé em frente ao fogão despejando caldo quente de legumes numa panela onde havia arroz.

– Filé de truta com molho de castanhas e nozes e risoto de açafrão – respondeu Samira que, desta vez, usava um vestido branco e um avental preto que era de Abel.

– O cheiro está bom – comentou o veterinário.

Abel usava calça jeans e uma camisa violeta que ganhara de presente de Cristina. Sua namorada agnóstica quis saber se aquela cor tinha algum significado.

– É cor do sétimo chakra, a flor de mil pétalas. Os bispos também usam violeta. Eu estou usando a cor dos bispos – respondeu num tom orgulhoso.

– Entendo – disse Samira friamente. – Você podia abrir o vinho pra gente? A cozinheira gosta de preparar a comida bebendo vinho.

– Eu abro – falou, pegou o saca-rolha e saiu da cozinha.

Abel abriu a garrafa de vinho e encheu duas taças. Samira comprara uma garrafa de um Pinot Noir chileno, sua uva preferida. Ela já tinha feito dois cursos de degustação e se considerava "profunda conhecedora de vinhos". Ele voltou à cozinha e entregou uma taça para a namorada. Os dois brindaram a nova idade do veterinário.

– Eu conversei com uma freira no voo para o Rio. Ela sentou ao meu lado. Achei-a muito simpática – falou Samira depois de beber um pouco e colocar a taça sobre a pia.

– Ah, é? Que legal – disse Abel sem entusiasmo.

– Ela tentou me convencer de que a Virgem Maria é a nossa mãe – disse Samira sorrindo. – O risoto está pronto e a truta já está assada. Podemos jantar – completou após um pequeno intervalo entre a primeira e a segunda frase.

– Eu ajudo a levar a comida para a mesa – falou Abel, sem demonstrar interesse em conversar sobre religião no dia do seu aniversário.

– Eu prefiro que a gente se sirva na cozinha. Está tudo muito quente. O risoto e a truta – falou, enquanto tirava o peixe do forno usando uma luva.

Abel deixou sua taça de vinho sobre a pia e voltou à sala. Pegou os dois pratos e Samira os serviu de comida. O casal voltou à sala, cada um segurando sua taça e seu prato. Sentaram-se à mesa. O veterinário colocou as duas mãos sobre o seu alimento e fez uma rápida oração num tom quase inaudível. No entanto, foi o suficiente para que sua namorada resolvesse sabotar mais uma vez o relacionamento dos dois.

– Você acredita nessa história da Imaculada Conceição? Você acha mesmo que Maria era virgem e Jesus Cristo foi concebido pelo Espírito Santo? – perguntou Samira assim que Abel terminou de abençoar o alimento.

– Samira, o dogma da Imaculada Conceição se refere à concepção da Virgem Maria. Sant'Ana e São Joaquim não fizeram sexo – disse, após respirar fundo.

– Ah, é isso?

– É – respondeu, meneando a cabeça positivamente.

– Mas isso é mentira. Está na cara – falou sorrindo, e bebeu vinho.

– É mesmo? – Abel bebeu metade do vinho que estava na taça antes de prosseguir. – Lá na clínica aparece, às vezes, um muçulmano que tem um buldogue francês. Eu converso com ele sobre religião. Ele me disse que até o Alcorão reverencia a Virgem Maria, e diz que ela foi purificada por Deus. E agora? Como é que você vai sair dessa? – completou já começando a ficar alterado.

– Eu não sabia disso – falou, demonstrando um pouco de surpresa.

– O meu avô dizia que a melhor ignorância é a ignorância calada – disse, mantendo o tom alterado.

– Eu não sou ignorante – gritou a agnóstica, sentindo-se ofendida.

– Em relação à religião você é – disse o devoto de São Francisco de Assis.

– Abel, você me chama de ignorante depois de eu ter cozinhado pra você.

– É por isso que a gente briga. Você diz que respeita tanto a cultura dos outros e ao mesmo tempo adora ridicularizar a minha crença.

– Eu não entendo a sua crença. Você se diz católico, acredita em chakras e se consulta com uma astróloga.

– As religiões não são antagônicas, como você imagina. Se você quiser, eu posso pedir para Aninha conversar com você. Ela vai saber explicar isso melhor do que eu – falou, tentando se acalmar.

– Eu não vou dar o meu dinheiro para aquela astróloga de jeito algum – disse, sem esconder a satisfação e bebendo mais vinho.

– Ela não vai cobrar para explicar isso. Não é uma consulta astrológica – falou o veterinário.

– Tudo isso pra mim é superstição. Eu não acredito em nada disso.

– O que fizeram com você nessa merda de faculdade que você fez? Os seus professores ficavam repetindo que a religião é o ópio do povo, a religião é o ópio do povo, a religião é ópio do povo e isso entrou na sua cabeça e não saiu mais. Só que você vai fazer 40 anos. Tá na hora de você mudar – disse, voltando a ficar alterado.

– Por quê? Você vai me deixar se eu não me converter? – perguntou e ficou de pé.

– Por que você quis ficar comigo? – após também ficar de pé.

– Abel, eu gosto de você.

– Eu quero a verdade.

– Eu disse a verdade.

– Você não me suporta. O simples fato de eu abençoar a comida na sua frente já incomoda você, e olha que eu faço a benção bem baixinho pra você não ouvir. Você sabe por que você quis ficar comigo? Por causa do meu pau. Infelizmente, essa é a verdade. É só por isso que você está aqui no meu apartamento cozinhando pra mim. Por causa do meu pau. É só isso o que eu sou pra você – falou aos gritos.

– Abel, você está me ofendendo.

– Os homens estão virando gays por causa de mulheres como você. Pelo menos você ainda gosta de cozinhar, mas eu já conheci mulheres que acham demérito fritar um ovo, e estão sempre tentando competir com os homens.

– Eu não vou ficar aqui para ser ofendida.

Samira tirou o avental, pegou sua bolsa que estava sobre o sofá e abriu a porta do apartamento de Abel. Saiu sem dizer nada e permaneceu no corredor esperando o elevador. Antes de fechar a porta, Abel disse uma última frase:

– Vocês todas vão virar lésbicas. Esse é o destino de mulheres como você. Nenhum homem vai querer mais vocês.

O veterinário bateu a porta com força e foi até a mesa onde ele e a namorada iriam começar a jantar. Observou os pratos com risoto e truta. Ele encheu sua taça de vinho, que estava pela metade, e a esvaziou em segundos. Encheu novamente a taça e foi até a janela olhar a Lua. "Fazer aniversário numa Lua Minguante só podia dar errado. Essa Lua é maligna", falou sozinho, e bebeu um gole de vinho. Ele estava irado e triste. Samira era uma repetição de outros relacionamentos que tivera. Antes de morrer, seu avô lhe disse que o Brasil estava perdido, pois a maioria dos militares estava comprometida com a maçonaria e os intelectuais eram quase todos esquerdistas. "O mal que o marxismo causou não foi apenas material. Isso é apenas secundário. O pior mal que Marx causou foi metafísico. Ele imaginou um mundo sem Deus. Até a Virgem Maria apareceu em Fátima para alertar sobre o perigo que rondava a Rússia, e até hoje o Papa não fez a consagração que Nossa Senhora pediu. Todos os cristãos vão pagar um preço por isso. Todos", foi uma das últimas falas de Antonio a seu neto. Em sua clínica, Abel via todos os dias o mal metafísico de que seu avô havia lhe falado. Ele testemunhava o sofrimento de animais e de pessoas para quem os bichos tinham se tornado o único vínculo afetivo que possuíam. Além disso, conhecia pessoas completamente sozinhas no mundo que tinham se tornado colecionadoras de animais, mantendo-os em condições insalubres, sem vaciná-los e castrá-los. Mais de uma vez, ele fora chamado por vizinhos desses pobres diabos, que lhe pagavam para vacinar e castrar os bichos dessas almas doentes. Abel conhecia colegas veterinários viciados em ansiolíticos ou que bebiam uísque todas as noites, e estava cansado de ver menores de idade usando crack em várias ruas do Rio de Janeiro. Esse era o mundo sem Deus de que seu avô havia lhe falado.

"Meu neto, entenda uma coisa que eu vou lhe dizer. O abismo em que nós estamos é muito pior do que você imagina. A Revolução Francesa foi somente a primeira batalha entre a Igreja Católica e a maçonaria. Durante o período dessa carnificina, as igrejas foram saqueadas, prostitutas foram postas pra dançar em cima dos altares e religiosas perderam a cabeça por causa da crença em

Jesus Cristo. É isso que o mundo moderno celebra até hoje. No Brasil, a maçonaria expulsou D. Pedro II e proclamou a República. Os principais republicanos eram maçons. A maçonaria usou a profecia de São João Bosco como pretexto pra construir Brasília e endividar o Brasil. Essa cidade é repleta de símbolos maçônicos. Os maçons são anticristãos. Por isso fique longe deles. O Ocidente está perdido, e só uma intervenção divina pode salvá-lo. A maçonaria instituiu a República e a democracia pra abolir o direito natural e descristianizar os ocidentais. Em breve as leis serão anticristãs e ser cristão será algo ilícito". Esse foi o último ensinamento de Antonio antes de morrer.

Abel tinha consciência da época em que vivia. Ele já perdera os pais e o avô que tanto amava. Seu pensamento não saía de Assis.

No dia seguinte, antes de ir para sua clínica, o veterinário foi a um tabelião e fez um testamento deixando tudo o que possuía para Cristina. "Nu saí do ventre de minha mãe e nu voltarei", pensou ao assinar o testamento.

27

A descida da serra

Abel entrou em sua casa e se deitou no sofá. Estava de calça jeans e uma camisa social preta. Ele não sabia o que pensar. Enquanto os brasileiros assistiam à estreia do Brasil na Copa do Mundo da Itália, ele enterrava sua companheira Joana e seu filho nascido morto. Até dois dias atrás estava tudo bem. Joana, grávida de sete meses, fazia planos para o futuro, e o convencera a pintar o quarto do bebê de verde e azul. Ela passara quatro anos tentando engravidar e sofrendo sucessivos abortos. Quando finalmente iria realizar seu sonho da maternidade, sofrera convulsões e um contínuo sangramento que foram diagnosticados como eclampsia. Abel relutou em aceitar o diagnóstico, pois Joana não tivera hipertensão durante toda a gravidez, porém sabia que medicina não é uma ciência exata.

O veterinário estava com 35 anos e novamente sozinho. Pensou em seu filho Francisco, que estava com 11 anos. Tentou imaginar como seria sua aparência. Ele sabia onde encontrá-lo. Sua ex-mulher já estava morta e seu ex-sogro já era um homem com mais de 70 anos. Rui havia lhe contado que Francisco estudava no Colégio São Bento e era um aluno bastante indisciplinado. Soube, ainda, que Antonio o obrigara a estudar inglês e a fazer natação. "Deve ter ensinado o meu filho a ser papa-hóstia também", pensou.

Passadas duas semanas desde a morte de sua companheira, Abel desceu a Serra num domingo de manhã. Ele agora tinha um Chevette bege. Enquanto dirigia pensou na vida que não teve ao lado de Francisco. Ele nunca se arrependera de ter tentado matar sua ex-mulher e a culpava pela sua desgraça. Imaginou se existiria um lugar especial depois da morte para "as vagabundas que cometem adultério". Esperava que ela estivesse no Inferno, se tal lugar existisse. Ele era incapaz de pensar no próprio pai que cometera suicídio e nunca se questionou sobre sua conduta no período que ficara hospedado na casa de José Maria.

Ele chegou ao bairro das Laranjeiras e estacionou seu carro perto do prédio onde Antonio morava. Abel não tinha ideia do que fazer para ver o filho. Jamais pediria ao porteiro do edifício para ligar para o apartamento de Antonio, e não sabia se seu filho estava em casa. No entanto, a Divina Providência sorriu para ele por um instante. Sol agora era um Pastor Alemão idoso que mancava e estava sempre cabisbaixo. Abel não teve dificuldade em reconhecer o animal que o mutilara e o impedira de matar Joana. Então ele viu seu filho pela primeira vez após oito anos.

Francisco caminhava com Sol pela rua onde morava. Ele usava somente uma bermuda preta e calçava um par de chinelos. Seu filho estava cada vez mais semelhante a ele, e parecia ter sido gerado sem mãe. Abel sentiu orgulho ao ver o filho e alegria ao perceber sua expressão despreocupada ao caminhar com Sol. Ele sabia que Francisco estava sendo bem criado. A vontade de se aproximar do filho era imensa, porém a presença do Pastor Alemão o inibiu, e o veterinário se contentou apenas em observar o filho. Essa visão já compensara a descida da Serra.

28

Eles iriam morrer juntos

Abel se divorciou quando tinha 26 anos e decidiu que não queria se casar de novo. A audiência de seu processo de separação judicial ocorreu no dia 26 de abril. Nesse mesmo dia, após a audiência, ele voltou para sua clínica, e o primeiro cliente que atendeu usava uma camisa com o número 26. Sua amizade com Aninha ainda era recente, e somente mais tarde ele se deu conta de que o número 26 o perseguia sem que ele entendesse o motivo. Ele relatou o fato para Aninha, e ela lhe dissera que a matemática é uma ciência sagrada e simbólica. Ela lhe ensinou o conceito de sincronicidade elaborado por Jung com base no I CHING. Até então, Abel ainda não conhecia Liang e, somente após fazer acupuntura, foi que ele se dispôs a estudar a religião chinesa. Aninha ainda lhe mostrou a figura de uma pedra cúbica. Dentro dessa pedra havia 26 pontos. A astróloga lhe exibiu os alfabetos hebraico e árabe e o veterinário aprendeu o significado dos números 26 no judaísmo e 111 no islã.

Era a noite do dia 26 de agosto quando Abel decidiu ir ao apartamento de Aninha. Desde que voltara da Itália, ele ainda não estivera com sua mãe espiritual. Ele, deliberadamente, quis visitá-la no dia 26, já que agora conhecia o seu significado.

Ao chegar ao apartamento de Aninha, Abel tirou o par de tênis que usava e o deixou sobre o capacho da entrada. Ela exigia que todas as pessoas entrassem descalças em sua morada. Ele levou o chocolate Lindt que comprara para a astróloga e o entregou assim que entrou no apartamento e cumprimentou sua amiga.

A família de Aninha vivia num apartamento confortável em Ipanema. O marido da astróloga vendia caro suas obras e, desde que se tornara religioso na Índia, ele só fazia móbiles com simbolismo sagrado. Na sala, havia um móbile que Abel gostava de girar sempre que ia à casa de sua amiga. Um lado do móbile era a face da Lua e estava escrito "ZERO". A outra face era o Sol, em que se podia ler a palavra "REZO". A astróloga tinha um quarto no apartamento que usava como escritório para atender aos seus clientes, e ela e Abel se dirigiram para esse cômodo.

– Eu gostaria que você calculasse o dia da minha morte – disse Abel tão logo entrou no escritório.

Aninha sentou-se à mesa do escritório, em que havia um laptop e uma impressora, e ligou o computador.

– O que foi que aconteceu em Assis? – indagou a astróloga.

– Eu recebi um sinal de que a penitência não foi o suficiente. Então, pedi a intercessão de São Francisco de Assis pra descer ao Inferno e tirar o meu pai de lá – falou friamente e ainda de pé.

– Abel, as coisas não são tão simples. O seu pai só vai sair do Inferno se Cristo permitir.

– O meu pedido foi aceito.

– E como você sabe que foi aceito?

– Eu recebi um presságio. Você me ensinou a ler sinais na natureza.

– E a Samira?

– A gente brigou. Eu não estou falando com ela. Estou cansado de conviver com gente descrente.

– Abel, ela é ignorante. Você devia ter mais paciência – falou com ar de desaprovação. – Você vai continuar de pé?

Abel finalmente sentou-se de frente para Aninha.

– Você não vai fazer o cálculo que eu pedi? – indagou Abel.

– Eu só faço se a pessoa estiver muito doente, e você não está – respondeu Aninha.

– Então eu vou embora. Já entreguei o chocolate.

Aninha acompanhou Abel até a porta. O veterinário beijou sua amiga no rosto e saiu. A astróloga sentiu-se triste. Ela mentira ao dizer que não iria calcular o dia da morte de Abel. Aninha já fizera esse cálculo quando confrontou o mapa astrológico de Abel com o de Samira e descobrira a morte simultânea do casal ao perceber que o regente da morte de Abel era Vênus e o de Samira, Marte e que os dois regentes atingiriam o Sol de cada um ao mesmo tempo. Desde o início do namoro de Abel e Samira, ela já sabia que eles iriam morrer juntos.

29

Um dia de sol

Francisco subiu a Serra de ônibus com sua avó Teresa num domingo. Ele estava com 16 anos e acabara de descobrir que seu pai estava vivo. Sua avó sentiu pena do neto ao vê-lo consternado no enterro de Antonio. Francisco não tinha mais ninguém na família, exceto ela, uma senhora idosa, com mais de 70 anos. Teresa, então, fora a Petrópolis conversar com Abel. O veterinário estava com quarenta e um anos e ficara surpreso ao ver a ex-sogra. Eles conversaram na casa dele, em Pedro do Rio. Ela se comprometera a levar Francisco a Petrópolis para que Abel pudesse reencontrá-lo, porém antecipou que teria de explicar para o neto por que seu avô inventara que seu pai estava morto. Abel não se opôs a que ela contasse a verdade, e somente agradeceu por ela ter permitido que ele voltasse a ver o filho.

Quando Francisco e Teresa desceram do ônibus na rodoviária de Petrópolis, Abel já os esperava. Ele já estava bastante calvo e ostentava uma respeitável barriga. Ele cumprimentou sua ex-sogra e abraçou seu filho.

– Você se lembra de mim? – perguntou Abel.

– Eu já sonhei com você – respondeu Francisco, um pouco constrangido.

Abel e Teresa se entreolharam surpresos.

– O meu carro está estacionado aqui. Vamos até lá – falou o veterinário.

Eles saíram a pé da rodoviária e caminharam até a rua onde estava o automóvel de Abel.

– No meu sonho você não era muito diferente do que você é – prosseguiu Francisco. – Eu sou muito parecido com você. É verdade.

– Eu sou seu pai – disse Abel sorrindo.

– Como você perdeu o dedo da mão esquerda? – quis saber o adolescente, mesmo já conhecendo a resposta.

– Francisco, você não deveria perguntar isso – interveio sua avó.

– Ele pode perguntar o que ele quiser – falou Abel. – Eu comprei um Pastor Alemão pra você antes mesmo de você nascer. Foi o primeiro presente que você ganhou. E foi esse cachorro que impediu que eu matasse a sua mãe. Foi ele que decepou o meu dedo mínimo.

– Então, você perdeu o dedo por um castigo de Deus – disse o adolescente.

– Eu não acredito em Deus. Se Deus existe, então Ele deve ter se arrependido de ter criado o homem – falou Abel, fitando o filho firmemente. – Este é o meu carro. Eu vou levar vocês para conhecer a minha clínica em Três Rios.

Francisco e sua avó entraram no carro de Abel. O veterinário tinha um Santana preto. Francisco ocupou o banco do carona e Teresa sentou-se atrás. Eles partiram em direção a Três Rios. Francisco sentiu-se intimidado em fazer novas perguntas depois de saber que seu pai era ateu, e o início da viagem transcorreu em silêncio.

– Você sente raiva de mim? – perguntou Abel enquanto dirigia.

– Não – respondeu Francisco. – Você não conseguiu matar a minha mãe. Deus não permitiu.

Abel ficou em silêncio. Ele não tinha a intenção de convencer o filho de nada. O veterinário já estava preparado para conversar com uma versão adolescente de seu ex-sogro.

– Hoje está um dia tão bonito! – disse Teresa. – Aqui na Serra chove tanto que é difícil fazer um dia de Sol.

E de fato era um lindo dia de Sol quando aconteceu o reencontro entre pai e filho. Eles chegaram a Três Rios, onde Abel orgulhosamente mostrou sua clínica para o filho e para a ex-sogra. Foi naquele dia que Francisco decidiu ser veterinário. Num domingo, um dia de Sol.

30

Samira sentiu-se no paraíso

Abel e Samira não se falaram mais desde a noite do aniversário dele. Ela dedicou-se integralmente à campanha de sua candidata à presidência da República, e tentava não pensar no veterinário. A candidata de Samira fora obrigada a disputar o segundo turno das eleições, o que não estava nos planos da militante política agnóstica. Esse fato, entretanto, abriu uma ferida no relacionamento dela com seus pais. Samira nasceu numa família de católicos melquitas que ficaram chocados quando descobriram que o partido de Nemrod pretendia legalizar a prática do aborto no Brasil. Samira tentou desconversar e dissera para seus pais que isso era mentira. Ocorreu que a candidata da libanesa já havia manifestado sua concordância com a legalização do aborto, e tal declaração fora gravada. De nada adiantou a candidata ir à missa acompanhada de um deputado ex-seminarista e se dizer defensora da vida. Os pais de Samira não acreditaram nessa declaração, e a libanesa não conseguiu convencer os próprios genitores a votar em seu partido. Como se não bastasse, seu pai dissera que sentia vergonha de tê-la como filha, e sua mãe que deveria ter feito um aborto se soubesse que ela iria se transformar numa abortista.

Apesar do fim do namoro e do conflito com os pais, a libanesa, naquele domingo que encerrava a disputa do segundo turno, reuniu-se com colegas de partido para assistir à apuração da eleição num botequim na Cinelândia. Samira detestava aquele bar, mas por amor ao partido era obrigada a frequentá-lo com seus correligionários.

Era fim de tarde enquanto as primeiras pesquisas de boca de urna foram divulgadas e previram a vitória da candidata de Samira. Houve gritos eufóricos dentro do botequim repleto de esquerdistas, mas Samira se manteve em silêncio. Ela não estava feliz e se afastou dos colegas para poder acender um cigarro. Enquanto fumava na Cinelândia, a libanesa acompanhou à distância o movimento em frente ao Theatro Municipal. Naquele dia havia uma apresentação de Mikhail Baryshnikov e Ana Laguna para deleite da "classe média reacionária". Ela assistiu à entrada de senhoras elegantes no Municipal que não pareciam preocupadas com a vitória do partido de Nemrod e sentiu inveja daquelas mulheres.

Mikhail Baryshnikov fora um dos ídolos de sua adolescência, e a libanesa sempre sonhara em ver uma apresentação do bailarino. Depois de ter se tornado esquerdista, ela passou a repudiar Baryshnikov como "um dissidente que se vendeu para os imperialistas". No entanto, por mais que ela tivesse recalcado seu passado elitista, naquele dia ela foi obrigada a se confrontar com sua verdade. A fidelidade partidária lhe cobrara um preço alto demais. Ela iria completar 40 anos. Estava sozinha, em litígio com seus pais e se encontrava num botequim pé-sujo com seus correligionários, enquanto adoraria estar no Municipal contemplando a apresentação de Baryshnikov. Então, sem dizer uma palavra, Samira apagou o cigarro, entrou no botequim, pegou sua bolsa, saiu sem se despedir de ninguém e atravessou a Cinelândia em direção à bilheteria do Theatro Municipal. Ainda havia ingressos para ver Baryshnikov e a libanesa comprou o lugar mais caro que estava à venda. Não havia mais poltrona disponível na plateia, e ela se contentou com um assento no balcão nobre. Entrou no Municipal e foi até o Salão Assírio, onde vários integrantes da "classe média reacionária" bebiam espumante antes do início da apresentação. Samira bebeu duas taças de Prosecco e conversou com duas senhoras idosas muito bem vestidas. Ninguém dentro do Salão Assírio falava sobre a eleição que acabara de ser encerrada e, no meio daquelas mulheres, Samira sentiu-se no paraíso.

31

Um terço de madeira

Abel levou seu filho para tomar banho de cachoeira em Araras. Ele não havia retornado àquele lugar desde que Joana sofrera um aborto. Francisco lhe perguntou por que ele não se casara de novo. Abel disse apenas que estava bem sozinho e não teve nenhum pudor em admitir ao filho que recorria às prostitutas quando queria estar com uma mulher. "As prostitutas são mulheres honestíssimas. Elas não cometem adultério. Até Jesus Cristo gostava de andar no meio das prostitutas", disse Abel ao seu filho. Francisco estava com 18 anos e acabara de ingressar na faculdade de veterinária. Seu pai lhe disse para não namorar sério nenhuma garota e para aproveitar todas as oportunidades que aparecessem. Francisco ouvia os conselhos de seu pai em silêncio. Seu avô não o educara desse modo, mas o advertira de que ele vivia numa época em que pessoas voltaram a ser pagãs, e Francisco percebeu claramente que seu pai era um pagão.

– Qual é a melhor lembrança que você tem da minha mãe? – indagou Francisco, enquanto ele e seu pai se banhavam na cachoeira.

Abel demorou a responder. Olhou para o céu como se a resposta estivesse lá e depois fitou o filho.

– A sua mãe adorava a Rita Lee – respondeu com voz rouca. – Ela pintava o cabelo de ruivo para ficar parecida com ela. No fundo, ela queria ser maluquinha igual à Rita Lee. Mas durante toda a gravidez ela não pintou o cabelo. Ela perdeu completamente a vaidade quando estava esperando você. Essa é a melhor lembrança que eu tenho da sua mãe – completou.

Francisco notou que seu pai estava com rouquidão fazia um mês e disse que achava aquilo estranho, porém Abel não deu importância ao fato. Eles saíram da cachoeira e depois Abel levou seu filho a um haras. O veterinário só tinha os fins de semana para estar perto do filho e tentava aproveitar ao máximo esse tempo.

O haras ficava no Vale do Cuiabá, em Itaipava, e Abel passara muitos fins de semana no meio dos cavalos desde que ficara sozinho novamente. Ele havia sido contratado por esse haras e o dono, um alemão casado com uma linda mulata, não lhe cobrava nada para deixar que ele e seu filho usassem os cavalos para montaria.

O veterinário ensinou seu filho a andar a cavalo e Francisco se mostrara um ótimo cavaleiro. Ele escolhera um cavalo branco chamado Siegfried para que seu filho montasse. Abel adorava esse animal e o considerava o mais bonito de todo o haras.

Ao fim daquele dia, um sábado, Abel sentiu-se muito cansado sem que encontrasse um motivo para isso. Eles retornaram para a casa do veterinário em Pedro do

Rio e Abel praticamente desmaiou na cama, deixando seu filho sozinho na sala. Francisco entrou no quarto do pai e o observou enquanto ele dormia. Ao lado da cama, havia um criado-mudo. Ele o abriu e surpreendentemente encontrou uma Bíblia e um terço de madeira.

32

Na companhia da libanesa

A tarde se transmudou em noite e Abel se despediu do último cliente. Seu carro estava estacionado quase em frente à clínica, e ele foi surpreendido pela presença de Samira encostada no veículo. Abel se lembrou do vestido branco que ela estava usando. Era o mesmo do dia de sua viagem para Roma. Ela sorriu para ele, mas não fez nenhum movimento. Surpreso, o veterinário ficou alguns segundos sem reação, e os dois ficaram se olhando sem dizer nada.

– Apesar da praga que você me rogou, eu ainda não virei lésbica – disse Samira, rompendo o silêncio e mantendo o sorriso.

– Não esperava que você aparecesse. Achei que você estivesse em Brasília depois da vitória do seu partido – falou Abel num tom sério.

– Eu abandonei a política, Abel. Essa campanha foi demais pra mim. Os meus pais praticamente pararam de falar comigo e me disseram coisas horríveis. Até o Papa se envolveu na eleição brasileira e pediu para não votar em candidato que defendesse a legalização do aborto. Então, você pode imaginar como os meus pais reagiram – contou a libanesa, e o sorriso desapareceu do seu rosto.

– E não adiantou nada o apelo do Papa. Os brasileiros já perderam a vergonha na cara – disse Abel, num tom ressentido. – Eu anulei meu voto pra variar. O outro candidato também tentou facilitar o aborto nos hospitais públicos quando foi ministro da Saúde.

– Eu sabia que você iria anular seu voto.

– Você sabia que foi a Igreja Católica que criou os hospitais?

– Não – falou Samira com genuína sinceridade.

– Os hospitais e as universidades são uma herança do catolicismo. Se o aborto for legalizado, um hospital católico vai ser obrigado a realizar esse procedimento.

– Abel, eu não quero mais brigar com você. Eu sei que não existe civilização sem religião. A Europa tentou criar uma civilização sem religião e deu errado. Os europeus estão pagando um preço por isso. A Europa está repleta de muçulmanos. Eu vi o Baryshnikov no Municipal. Agora eu entendo por que ele fugiu do comunismo. Talvez eu fizesse a mesma coisa se tivesse o talento dele. Mesmo velho, ele ainda é genial. As pessoas não são iguais. Os melhores sempre sobressaem.

– Cristo disse isso na parábola dos talentos – disse Abel num tom de aprovação.

– Eu vou arranjar outro emprego. Algo que não tenha nada a ver com política – falou a libanesa. – Você já jantou?

– Ainda não, Samira. Eu acabei de fechar a clínica. Você quer jantar?

– Pode ser – disse Samira.

Os dois continuaram a conversar num restaurante italiano em Laranjeiras e se reconciliaram. Samira contou que tomou a decisão de se afastar da política após se emocionar com a apresentação de Baryshnikov no Municipal. "Eu resolvi me espelhar nele", admitiu para Abel. O veterinário não a julgou, e apenas a ouviu. Ele acreditou que ela estivesse arrependida, e ela estava. O pouco tempo que ainda lhe restava na Terra, ele decidiu passá-lo na companhia da libanesa.

33

Uma pagã de olhos verdes translúcidos

Francisco enterrou Sol no quintal da casa de seu pai em Pedro do Rio. O Pastor Alemão que salvou a vida de sua mãe vivera 19 anos. Sol já estava cego, não se alimentava mais e foi encontrado morto numa manhã de sábado. Enquanto abria a cova de Sol, Francisco não pôde deixar de pensar em São Francisco de Assis, que praticamente perdera a visão no fim da vida e também morrera num sábado. Após enterrar Sol, Francisco cometeu uma heresia diante de um católico tradicionalista. Ele recitou o salmo 141 pela alma de seu cachorro.

Abel deixou que o filho enterrasse Sol sozinho e apenas assistiu à cena. Ele estava com câncer na laringe e bastante abatido por causa da quimioterapia. Estava careca e havia emagrecido. Sua voz tornara-se estridente e feia, mas, mesmo doente, uma prostituta ia à sua casa uma vez por semana.

No fim do dia, pai e filho ficaram sentados na varanda da casa contemplando o pôr do sol. O pai se alegrou e o filho se entristeceu com o espetáculo natural. O pôr do sol sempre deixara Francisco triste por um motivo que ele não sabia explicar. Abel comentou que já vira um disco voador passando no céu de Itaipava. Francisco não duvidou de seu pai e somente perguntou se isso ocorreu à noite. Ele disse que sim. Então o filho mudou de assunto e disse que sairia para comprar o jantar num restaurante em Itaipava.

Francisco havia tirado a carteira de motorista há menos de um ano e agora dirigia o carro de seu pai, um Gol verde limão. Na Estrada União e Indústria havia bandeiras do Brasil penduradas, o que fez Francisco se lembrar da Copa do Mundo na França, que começaria em breve. Ele gostava da Serra, especialmente no verão, quando podia fugir do calor carioca.

Francisco estacionou o carro em frente a um restaurante japonês, entrou no estabelecimento, se dirigiu ao caixa e pediu o cardápio. Enquanto estava de pé em frente ao caixa, duas mãos macias e perfumadas taparam seus olhos. Ele as segurou, desvendou seus próprios olhos e virou-se para ver quem era a dona das mãos.

– Perdido em Itaipava? – disse Renata, sua colega de faculdade com quem ele nunca tinha conversado. Ela tinha olhos verdes translúcidos, cabelos lisos e castanhos e era um pouco mais baixa do que Francisco. Era muito magra, mas os olhos verdes translúcidos o hipnotizaram.

– O meu pai mora em Pedro do Rio. Eu estou sempre na Serra – respondeu Francisco com um sorriso. – E você?

– Os meus avós moram em Itaipava. Depois que se aposentaram, eles vieram pra Serra. Eu estou com eles – falou e apontou para a mesa em que seus avós estavam.

Francisco viu um casal idoso, aparentando mais de 70 anos e bem vestido, que sorriu para ele ao se perceber alvo do seu campo de visão. Renata convidou Francisco para se sentar à mesa com eles. Ele aceitou o convite, porém disse que não jantaria com eles por causa de seu pai, que o esperava.

Aquela noite de sábado e o domingo em que seu pai tentara matar sua mãe determinaram o futuro do Francisco. Ele não imaginou que Renata pudesse abordá-lo, pois na faculdade ela nunca o cumprimentara. E agora ele estava conhecendo os avós dela e sabendo que sua colega também visitava a Serra nos fins de semana. Durante a conversa, o avô de Renata contou que era psicanalista freudiano. Francisco nunca tinha lido Freud, mas seu avô lhe ensinara que ele era um judeu ateu e que os psicanalistas viam a religião como uma superstição. O nome do avô de Renata era Arão e Francisco deduziu que ele fosse judeu, pois sabia que a profissão de psicanalista era bastante comum entre judeus. O nome da avó de sua futura esposa era Maria José e por isso ele teve certeza de que ela não era judia. Assim, ele teve dúvidas quanto à religião de Renata e não ousou perguntar nada naquele momento. Mais tarde, ele soube que ela não era judia nem cristã. Era uma pagã de olhos verdes translúcidos.

34

Ecco il leone

"*The Willow song*", pensou Samira ao ver um Salgueiro na Rua República do Líbano. A árvore fez com que ela se lembrasse de Desdêmona. Abel havia estacionado o carro à sombra de um Salgueiro e essa "coincidência" despertou em sua namorada o desejo de rever a ópera *Otello*. Ela o levou para conhecer a Igreja de São Basílio, na Rua República do Líbano, onde Samira fora batizada, e o veterinário assistiu, pela primeira vez, a uma missa no rito greco-católico melquita.

    A igreja estava lotada e o padre era jovem, tinha cara de árabe e falava português com sotaque. Samira lhe disse que os padres daquela paróquia costumavam ser libaneses ou sírios. Durante a homília, o padre frisou que Cristo nasceu num estábulo por falta de caridade das pessoas e que, naquela noite, muitos cristãos, que passaram o ano inteiro sem fazer nada pelos outros, só pensavam em comer e ganhar presentes. Após a missa, Abel comprou dois escapulários e deu um de presente para Samira. A libanesa comparou o escapulário a um "patuá católico".

Eles seguiram para o apartamento do veterinário. A libanesa pediu para Abel ver um DVD da ópera *Otello*, uma de suas preferidas. Ela havia comprado uma cópia da versão encenada no Covent Garden por Kiri Te Kanawa e Plácido Domingo. Abel nunca assistira a uma ópera e não conhecia a história de Otello. A única peça de Shakespeare com a qual ele estava familiarizado era *O Mercador de Veneza*, a que seu avô fizera questão de levá-lo para assistir quando ele era adolescente a fim de lhe mostrar que o catolicismo considerava a usura um pecado e que essa era uma das diferenças cruciais entre a moral católica, a protestante e a judaica.

Eles assistiram ao DVD depois da ceia de Natal. Samira preparara a ceia. Abel pediu para comer bacalhau na noite de Natal, e ela fez uma receita de bacalhau espiritual. O veterinário gostou tanto do prato que deu um pouco para seu cachorro. Eles abriram uma garrafa de vinho e depois do jantar começaram a ver a obra de Verdi. Sol deitou-se no colo de Abel enquanto o casal via a ópera. Samira não conhecia o passado dos pais de seu namorado e muito menos o que se passara no casamento do veterinário. Por isso não tinha como imaginar que ele não estava preparado para ver aquela história.

A história do falso adultério de Desdêmona começou a se desenrolar diante dos olhos de Abel, e ele começou a se identificar com *Otello*. A sua vida conjugal e a de seus pais começou a passar em sua mente como se fosse um filme. Num momento, ele reconhecia seu pai em *Otello*. Em outro, ele mesmo. Abel aguentou estoicamente olhar-se no espelho preparado por Shakespeare e Verdi, mas chegou ao limite de sua *psique* logo após Desdêmona cantar a ave-maria estando cônscia de que iria ser assassinada por Otello. Ele se levantou e pediu para Samira interromper a ópera. Ela desligou a televisão e se aproximou de Abel, que estava olhando a Lua Cheia através da janela da sala.

– O Natal caiu numa Lua Cheia este ano – comentou. – Eu nasci numa Lua Cheia, sabia? – Acrescentou, sem olhar para Samira.

– O que aconteceu, Abel? Por que você não quis ver a ópera até o fim?

O veterinário virou-se para sua namorada. Ele estava com os olhos vermelhos.

– O meu pai tentou matar a minha mãe, mas ele não conseguiu. Deus não deixou. A minha mãe traiu meu pai e o trocou por um advogado cheio da grana. O meu pai era um simples veterinário do interior e a minha mãe se achava areia demais para o caminhão dele. Antes de morrer, a minha mãe se confessou com um padre na minha frente, recebeu a unção dos enfermos e rezou uma ave-maria – disse tentando manter a frieza.

– Abel, eu não sabia disso. Eu não teria feito você ver essa ópera se eu soubesse – falou Samira, completamente constrangida.

– Ainda tem mais. Não acabou. Eu acredito em pecado hereditário. Não sei se alguma vez eu lhe disse isso. Eu paguei pelo pecado do meu pai. Eu me casei com uma desgraçada que ficou grávida de outro homem. Foi por isso que eu me divorciei – disse, e tentou esboçar um sorriso. – Deus não quis que eu tivesse filhos. Deus não quis que eu transmitisse o sangue do meu pai a nenhuma criatura. Caim tem de morrer. Todos os filhos de Caim irão sumir da face da Terra. Quando eu descobri que o filho não era meu, eu quebrei todos os móveis desse apartamento. Todos. Mas eu não encostei em um fio de cabelo daquela desgraçada.

Ecco Il Leone.

35

O nome do primeiro Papa da Igreja Católica

O câncer na laringe não matou Abel, mas o deixou com sequelas, especialmente em sua voz. A cruz dele seria ainda mais pesada. Em um exame, ele descobriu um câncer na próstata, que o derrubaria em definitivo.

No leito do hospital, Abel contemplou a nova carteira de identidade de Francisco. O nome de seu filho passara a ser Francisco Abel Barros de Oliveira. Ele agradeceu ao filho pelo presente, porém disse que não era merecedor, e pediu desculpas por ter lhe transmitido o seu sangue.

Após exibir a nova identidade, Francisco perguntou se podia chamar um padre para lhe dar a unção dos enfermos. Abel não gostou da proposta e disse que não queria ver na frente dele "um urubu de batina procurando um futuro cadáver". O filho se resignou com a vontade do pai e apenas pediu para fotografá-lo. Uma enfermeira do hospital onde Abel estava internado em Petrópolis tirou várias fotos de pai e filho juntos. Mais tarde, uma dessas fotos foi deixada no túmulo de São Francisco de Assis.

    A avó de Francisco também se encontrava doente. Teresa tivera um ataque cardíaco, e Francisco não permitia que ela ficasse sozinha. Ele pedira para Cristina cuidar de Teresa enquanto estivesse na Serra com seu pai. Em poucos meses, Francisco perderia o que restava da sua família e ficaria completamente sozinho. Ele se consolava com o fato de estar apaixonado. Sentia-se um afortunado que encontrou uma pérola verdadeira sem ter precisado mergulhar no fundo do mar. Renata gravava todas as aulas a que ele faltava em razão da doença do pai, e eles estudavam juntos para as provas do curso de medicina veterinária.

    Abel morreu como ímpio, para desgosto de seu filho, e Francisco ainda recebeu como conselho que evitasse desperdiçar vela com seu pai. O veterinário faleceu e foi enterrado numa segunda-feira no cemitério São José, em Itaipava. Alguns clientes de sua clínica em Três Rios, o alemão dono do haras onde ele trabalhou e duas prostitutas que lhe prestaram serviços regulares foram ao cemitério se despedir do petropolitano. As prostitutas se comportavam como viúvas e choravam como se tivessem perdido um marido. Francisco notou que as duas pintavam o cabelo de ruivo, e sentiu ainda mais pena da alma de seu pai.

    Ele tinha 21 anos e agora lhe restava a avó idosa e doente. Francisco retornou para a casa de seu pai em Pedro do Rio. Ele iria colocá-la à venda em breve e futuramente usaria parte do dinheiro para montar sua clínica no Rio de Janeiro. Ele voltaria à Serra como visitante.

Parte da sua alma era carioca e a outra parte, petropolitana. Seu avô lhe ensinara a admirar D. Pedro II, que fora injustamente expulso do Brasil pela maçonaria. Ele sentia orgulho de pisar no mesmo solo que pertencera ao Imperador que tinha o nome do primeiro Papa da Igreja Católica.

36

Irmã morte

"Que os céus, das Alturas, derramem o seu orvalho"

Isaías, 45:8

"Without beginning is "The River" start:
It rises from the mountain's unknown ground
And seeks the endless. So the wise man's heart:
The river flows; its end is never found.

Neither the mountain nor the sea can limit
The river's song. Love flows from God to God;
Forms have an end, yet timeless is the Spirit."

The River – Frithjof Schuon

Nome é presságio. Era janeiro no Rio de Janeiro. A cidade e o estado de Abel foram consagrados à água do rei de Roma. Fazia muito calor no Rio de Janeiro, e

Abel quis passar alguns dias em Itaipava. Samira ainda não arranjara outro emprego e não teve problema para acompanhá-lo. Desde o dia 31 de dezembro, Abel não conseguira mais falar com Aninha. Ela telefonara para desejar feliz ano-novo e se mostrara contente ao saber que ele estava novamente com Samira. Depois do Réveillon, ele ligara duas vezes para ela, mas seu celular estava desligado.

Abel deixou Sol na casa de Cristina e subiu a Serra com sua namorada na manhã do dia 11 de janeiro. Enquanto dirigia, ele colocou um CD do Emmerson Nogueira para tocar, e o casal iniciou a subida da Serra Rio-Petrópolis ouvindo "Anima", de Zé Renato e Milton Nascimento. Abel sabia decorada essa letra.

– Eu recebi uma graça depois que voltei de Assis. Não sei se você notou – falou Abel.

– Não, Abel. O que foi que aconteceu? – perguntou Samira.

– Desde que eu voltei de viagem, eu só senti dor na coluna uma vez e depois disso nunca mais. Eu parei de tomar anti-inflamatório e de fazer acupuntura. Nunca mais senti dor.

– É verdade. Nunca mais eu vi você reclamar de dor na coluna – disse Samira com um sorriso. – Está um dia lindo hoje. Será que vai chover?

Abel riu.

– Nós estamos indo para Itaipava. Você sabe o que significa Itaipava?

– Eu sei que é um nome indígena.

– Significa Pedra que Chora.

– Ah, é por que chove muito. A água desce pela montanha e os índios achavam que a pedra estava chorando – disse Samira. – Esses índios atribuem significado a todos os fenômenos naturais. Uma chuva é uma chuva é uma chuva – comentou a filósofa e antropóloga Samira.

– Você nunca mais tocou no nome da sua terapeuta. O que aconteceu?

– Ah, esqueceu que eu estou desempregada? Eu parei com a terapia.

A viagem prosseguiu sem imprevistos e eles chegaram a Itaipava por volta de meio-dia. Abel havia feito reserva numa pousada no Vale do Cuiabá. O local onde o casal ficaria hospedado era bastante agradável. A pousada tinha poucos quartos, uma piscina retangular, e o seu terreno chegava às margens do Rio Santo Antonio, que cortava o vale.

Eles somente fizeram o *check-in* e saíram para ir a um haras que Abel frequentou com seu pai. O dono do haras não estava presente e o veterinário lamentou esse fato. Ele conversou com um funcionário que lhe alugou um cavalo de pelagem castanha, e Abel se lembrou da cor da túnica de São Francisco de Assis. Era um Mangalarga de quatro anos chamado Paladino. Samira recusou-se a montar por usar um vestido florido, e se satisfez em observar Abel cavalgando.

Eles almoçaram por volta das quatro horas da tarde num restaurante português. Samira já estava faminta e quase se desentendeu com o veterinário por eles terem passado tempo demais no haras. Depois do almoço, Samira quis visitar uma loja de cerâmica e Abel a acompanhou. Ele já estivera nessa loja várias vezes com seu pai. Quase todos os lugares a serem visitados em Itaipava o faziam lembrar-se de seu pai. De repente, ele sentiu vontade de ir ao cemitério São José. Disse que deixaria Samira na loja e regressaria logo, pois não queria obrigá-la a ir ao cemitério.

Abel encontrou o cemitério fechado sem que houvesse placa informando o motivo, e não pôde rever o túmulo de seu pai. Ele olhou para o Sol como se a resposta para aquele fato estivesse no Céu, e voltou para buscar sua namorada na loja de cerâmica.

Samira entrou no carro de Abel com vários pacotes e deu um deles de presente para Abel. Ele imediatamente o abriu. Era um cinzeiro de cerâmica portuguesa.

– Samira, eu não fumo – disse Abel.

– Mas eu fumo. Na sua casa não tem cinzeiro e sou obrigada a jogar as cinzas pela janela – sorriu a libanesa.

– Você acha que você vai morar comigo? – quis saber Abel.

A libanesa riu.

– Você é convencido. Só por que eu dei um cinzeiro de presente pra você.

– Ok, libanesa. E agora? O que você quer fazer?

– Vamos comprar vinho e voltar para a pousada. Ainda está claro e eu quero tomar banho de piscina – disse a libanesa.

Eles foram a uma *delicatessen* e Samira, que agora não tinha mais nenhum receio de ser elitista, comprou duas garrafas de vinho Pinot Noir, queijo Grana Padano, mel, torradas, presunto de Parma e damascos.

– A gente não precisa mais sair da pousada hoje – disse a libanesa ao deixar a *delicatessen*.

Eles regressaram à pousada no Vale do Cuiabá e Abel não saiu mais do quarto. Samira tomou banho de piscina durante menos de meia hora. Enquanto ficou sozinho no quarto, o veterinário pensou em Assis. Ele acreditava e sentia que em breve iria reencontrar-se com o pai. Abel tinha certeza de que São Francisco de Assis iria interceder por seu pai e, em nenhum momento, ele se arrependeu do sacrifício que havia oferecido. No entanto, ele não imaginava que sua namorada pudesse, de alguma forma, estar envolvida com o seu destino. Até então ele não sabia o momento de sua morte.

Samira retornou ao quarto molhada e usando um maiô vermelho. Ela e Abel tomaram banho juntos e depois fizeram sexo pela última vez.

Já era noite quando a libanesa abriu uma garrafa de vinho, encheu uma taça e a entregou a Abel. Ele estava nu e de pé em frente à janela. Enquanto bebia vinho, começou a chover. "Hoje é dia 11 de janeiro. Isso é 111. A Aninha me explicou o simbolismo desse número no islã, mas agora eu não lembro. Eu vou ter de perguntar pra ela", pensou Abel. Então, ele se lembrou do significado do número 111 e teve um lúgubre presságio. O veterinário recordou a história preferida de seu avô Antonio: o conto "Os mortos", de James Joyce. Seu pai estava enterrado a menos de três quilômetros de onde ele estava hospedado. Naquele momento, chovia sobre os vivos e os mortos. Abel virou-se para Samira. Ela estava nua e deitada na cama bebendo sua uva preferida. Por um instante, Abel pensou em ir embora da pousada, mas ele tinha um encontro marcado com São Francisco de Assis. O veterinário sentou-se na cama, abraçou sua namorada e pediu para ela recitar uma oração com ele. Ela parou de beber e eles rezaram o salmo 141. Abel disse cada palavra do salmo vagarosamente para que Samira pudesse repeti-la. Após o fim da oração, ele pediu:

– Repita esta frase comigo: Jesus Cristo, filho de Deus, tem piedade de mim, pobre pecador.

Samira repetiu a frase e, em seguida, Abel a beijou. Adão e Eva estavam prontos para voltar à Casa do Pai. Eles permaneceram no quarto enquanto chovia sobre o Vale do Cuiabá e a Serra do Rio de Janeiro. O inacreditável aconteceu. O volume de água que caiu do Céu foi tão grande que o Rio Santo Antonio, oriundo de Teresópolis, passou por cima da montanha que protegia o Vale do Cuiabá e matou afogadas dezenas de pessoas.

No dia seguinte, os mortos choraram pelos seus mortos. Foram mais de 70 pessoas que perderam a vida no Vale do Cuiabá e quase mil em todo o estado do Rio de Janeiro. A busca pelos mortos tomou semanas, e nem todos os corpos foram encontrados. Samira foi retirada da lama, mas Abel permaneceu enterrado nu no Vale do Cuiabá, a menos de três quilômetros de onde estava seu pai. Naquela triste noite de janeiro, Abel e Samira foram apenas duas entre centenas de almas levadas da Terra pela irmã morte.

IL CROCIFISSO CHE PARLÒ A S. FRANCESCO

Jo sono la LUCE,
e voi non mi vedete.
Jo sono la VIA,
e voi non mi seguite.
Jo sono la VERITÀ,
e voi non mi credete.
Jo sono la VITA,
e voi non mi cercate.
Jo sono il MAESTRO,
e voi non mi ascoltate.
Jo sono il CAPO,
e voi non mi obbedite.
Jo sono il vostro DIO,
e voi non mi pregate.
Jo sono il grande AMICO,
e voi non mi amate.
Se siete infelici non rimproveratelo a ME !

LETRAS Jurídicas

QUEM SOMOS

Editora **LETRAS JURÍDICAS** e **LETRAS DO PENSAMENTO**, com quatorze anos no mercado Editorial e Livreiro do país, é especializada em publicações jurídicas e em literatura de interesse geral, destinadas aos acadêmicos, aos profissionais da área do Direito e ao público em geral. Nossas publicações são atualizadas e abordam temas atuais, polêmicos e do cotidiano, sobre as mais diversas áreas do conhecimento.

Editora **LETRAS JURÍDICAS** e **LETRAS DO PENSAMENTO** recebe e analisa, mediante supervisão de seu Conselho Editorial: *artigos, dissertações, monografias e teses jurídicas* de profissionais dos *Cursos de Graduação, de Pós-Graduação, de Mestrado e de Doutorado,* na área do Direito e na área técnica universitária, além de obras na área de literatura de interesse geral.

Na qualidade de *Editora Jurídica e de Interesse Geral,* mantemos relação em nível nacional com os principais *Distribuidores e Livreiros do país,* para divulgarmos e para distribuirmos as nossas publicações em todo o território nacional. Temos ainda relacionamento direto com as principais *Instituições de Ensino, Bibliotecas, Órgãos Públicos, Cursos Especializados de Direito* e todo o segmento do mercado.

Na qualidade de *editora prestadora de serviços,* oferecemos os seguintes serviços editoriais:

- ☑ Análise e avaliação de originais para publicação;
- ☑ Assessoria Técnica Editorial;
- ☑ Banner, criação de arte e impressão;
- ☑ Cadastro do ISBN – Fundação Biblioteca Nacional;
- ☑ Capas: Criação e montagem de Arte de capa;
- ☑ CD-ROM, Áudio Books;
- ☑ Comunicação Visual;
- ☑ Consultoria comercial e editorial;
- ☑ Criação de capas e de peças publicitárias para divulgação;
- ☑ Digitação e Diagramação de textos;
- ☑ Direitos Autorais: Consultoria e Contratos;
- ☑ Divulgação nacional da publicação;
- ☑ Elaboração de sumários, de índices e de índice remissivo;
- ☑ Ficha catalográfica - Câmara Brasileira do Livro;
- ☑ Fotografia: escaneamento de material fotográfico;
- ☑ Gráficas – Pré-Impressão, Projetos e Orçamentos;
- ☑ Ilustração: projeto e arte final;
- ☑ Livros Digitais, formatos E-Book e Epub;
- ☑ Multimídia;
- ☑ Orçamento do projeto gráfico;
- ☑ Organização de eventos, palestras e workshops;
- ☑ Papel: compra, venda e orientação do papel;
- ☑ Pesquisa Editorial;
- ☑ Programação Visual;
- ☑ Promoção e Propaganda - Peças Publicitárias - Cartazes, Convites de Lançamento, Folhetos e Marcadores de Página de livro e peças em geral de divulgação e de publicidade;
- ☑ Prospecção Editorial;
- ☑ Redação, Revisão, Edição e Preparação de Texto;
- ☑ Vendas nacionais da publicação.

CONFIRA!!!

Nesse período a *Editora* exerceu todas as atividades ligadas ao setor **Editorial/Livreiro** do país. É o marco inicial da profissionalização e de sua missão, visando exclusivamente ao cliente como fim maior de seus objetivos e resultados.

O EDITOR

A Editora reproduz com exclusividade todas as publicações anunciadas para empresas, entidades e/ou órgãos públicos. Entre em contato para maiores informações.

Nossos sites: www.letrasjuridicas.com.br e www.letrasdopensamento.com.br
E-mails: comercial@letrasjuridicas.com.br e comercial@letrasdopensamento.com.br
Telefone/fax: (11) 3107-6501 - 99352-5354 - 99307-6077